# はじめに

　株で儲けるにはどうすればよいかという質問に対して、本当に適切に答えられる人が、どのくらいいるでしょうか。

　私は３５年以上の投資経験から、独自の株価の適正値算出法をあみだし、好業績の成長銘柄にその適正値以下の価格で投資するという方法で、最近では運用資産を４年で４倍以上のペースで増やしてきました。

　この方法は"決して損をしない投資"ということに最も力点をおいています。"株で儲ける法"については多くの人が書いたり講演したりセミナーを行ったりしていますが、"株で損をしない投資法"という視点から書かれた本は見たことがありません。ほとんどが儲けるためにはどうするかといった類の本ばかりです。

　それらは目先の利益に目がくらんでいる個人投資家に、ただ本を買ってもらうためだけに書かれているとしか思えません。

　多くの個人投資家が初めの頃うまく儲けることができても、だんだん自信過剰になって大胆になり、最後にはそれまでの儲け以上の損を出して株式市場から撤退するというケースが後を絶ちません。この現象は、目先の利益を追いかけるだけの株本を読んで株価の適正値も知らずに安易に投資してしまった結果です。

　そういう何度も繰り返されてきた過去の失敗から抜け出るためにも"損をしない投資のしくみ作り"が求められていると思います。

　私は、三菱商事でサラリーマンとして働いていた時代も含めた投資人生で、どんな大事件が起きても、またブラックマンデーの再来があっても動じないで、枕を高くして眠っていられる投資法はないものかと書物を読み漁り、試行錯誤を繰り返しながら探し続けました。そしてついにその画期的な方法にたどり着いたのです。

　３０年ほど前に一度だけ大きな損失を出した経験がありますが、今はこのシンプルな方法で日々の株価の動きに惑わされたりすることな

く、枕を高くして眠りながら着実に資産を増やしている最中です。

　この本を書くにあたっては、手前ミソになるかも知れませんが「こんなにすばらしい投資方法を紹介するのは、ラーメン屋さんがスープ作りの秘伝を公開するのと同じではないか」とか、「身近な者だけに教えればよいではないか」といったことで大変迷いました。が、今後の年金問題を考えたときに、避けては通れない投資の世界で、一般の人たちが安心して資産を増やすことができるようにとの願いをこめて、出版を決めました。

　優良成長銘柄は日々売り買いをしなくても適正値で買っていれば、時間と共に利益が増え株価は上昇していくのです。日々一喜一憂することなく待っていさえすれば資産は増えていきます。

　プロを相手に戦っても決して負けない投資法を、これからご紹介します。ぜひ最後までお読みになり、これからの投資人生に役立てていただけたらと願っています。

　なお、本書はこれから株式投資を始める方はもちろん、すでに投資生活を送っている方にも持っている株の診断やこれからの投資方法として大いに役立てていただけるものと確信しております。

## だれでもお金持ちになれる

　以前何かの本で、億万長者になるための８つの方法を読んだことがあります。

① 親から遺産を相続する
② お金持ちの相手と結婚する
③ 宝くじに当たる
④ 芸能・スポーツ・作家・画家・アーティストなどの世界で有名になる

⑤ 開業医になる
⑥ 特許などのライセンスを取得する
⑦ ビジネスを成功させる（創業１０年で９割の企業がつぶれているという統計数字もある）
⑧ 事業に投資する（株式の長期保有）

　これらをよく見ると、強運でもなく才能がずば抜けているわけでもない我々凡人には、⑧の事業に投資するという方法しかないことがわかります。別の言い方をすれば我々凡人にも億万長者になれる可能性があるということです。すばらしい会社の株式を購入し、その企業にたくさん儲けてもらって、そのおこぼれを頂戴するわけです。
　財務や経営といったファンダメンタルズの勉強は多少なりとも必要になりますが、銘柄と買値を選ぶことさえ間違わなければ"億万長者への道"が開かれるのです。


## 株式投資が成功への安全な近道

　さて、先にもお話ししたとおり、株式投資とは、必要な勉強をきちんと習得してから始めれば、会社勤めをしながら、低リスクで、あまり手間をかけずに大きな果実を手にすることができる方法です。株主は会社の部分所有者であり、会社が稼いだ純利益は本来すべて株主のものです。その証拠に、会社が稼いだ純利益以上の金額を配当金で株主に分配した会社がありました。皆さんご存知のケンタッキー・フライド・チキンです。
　一から会社を立ち上げて自分で事業を始めるより、すでに成功をおさめ、設備も人材も揃っている優良な上場会社に投資するほうがよっぽど安全です。自分の会社の経営を他人に任せていると思っていればよいのです。

| 日本ケンタッキー・フライド・チキンの業績推移と配当 | | | | |
|---|---|---|---|---|
| 決算期 | 売上 | 純利益 | 1株当たりの純利益 | 1株当たりの配当 |
| 97.11 | 812億円 | 6.7億円 | 28.8円 | 20円 |
| 98.11 | 743億円 | 7.5億円 | 32.4円 | 20円 |
| 99.11 | 749億円 | 9.0億円 | 38.7円 | 30円 |
| 00.11 | 829億円 | 14.9億円 | 64.6円 | 140円 |
| 01.11 | 849億円 | 16.3億円 | 71.0円 | 200円 |
| 02.11 | 805億円 | 13.8億円 | 60.2円 | 200円 |
| 03.11 | 737億円 | 11.1億円 | 48.3円 | 200円 |

◆独立してビジネスで成功したいという人へ

「株はギャンブルのようなものだ。自分はビジネスで成功して億万長者になるのだ」という人がいるかもしれません。しかし、独立して事業を始めるには、店舗・事務所にかかる初期費用に多額のお金を要します。実際に開業しても10年生き残るのは至難の業と言われています。

つまり、これらの初期投資資金を失う確率は高く、非常にリスキーな投資と言えます。仮に、独立して始めた事業が軌道に乗ったとしても、事業は一発勝負ではありません。起業後もずっと新商品・新サービスを開発・提供し続けないと消費者に飽きられたり、時代に取り残されてしまったりします。その結果、途中で挫折し一文なしになって夜逃げといったことにもなりかねません。

かの有名なホンダやシャープやセブン＆アイ・ホールディングスなどのような大会社でさえ、生き残るために常に新商品・新製品を出し続けているのは周知の事実です。それほどビジネスを続けるということは難しいものなのです。

## 個人投資家の陥りやすいワナ

　私たちが資産を増やすには、株式市場はすばらしいところなのですが、その本質を知らないまま入ると大きな落とし穴にはまります。長い時間をかけてコツコツ貯めた虎の子を、いとも簡単に減らしてしまうどころか、破産にさえなりかねないのです。最初に申し上げたように、ちょっと儲かったからといって調子に乗ると、人生が大きく狂ってしまいます。
　では、その株式投資の落とし穴はどこにあるのか、わかりますか。
　私が見てきた経験から考えると、多くの場合、知人や友人といった身近な人たちの「株で簡単に儲かった」という声を耳にして、それに大きく影響されてしまうことだと思います。「あの人が儲かるくらいだから、自分だって儲けられる」。そういった単純な動機で、基礎知識もないまま株式投資を始めてしまう人がけっこう多いようです。特に最近のネット投資家たちはそういう方がほとんどではないでしょうか。
　それが大きな落とし穴の入り口なのです。

### そして個人投資家は錯覚する

　もしあなたが、人から勧められて投資した１００万円が運良く１５０万円になり、次に１５０万円が２００万円に増えたとします。そう

すると突然の大きな利益にすっかり有頂天になってしまうでしょう。そして自分には株式投資の才能があるのではないかと錯覚してしまいます。あまり勉強もしていないのに、自分の意見をもつようになり、資金を増やせば利益もさらに増えると考えます。定期預金を解約し、信用口座を開くでしょう。そして株価の上昇に目を奪われ、まわりの人たちの株の盛り上がりに、さらに強気になって信用取引限度いっぱいの株を買ってしまうかもしれません。するとどうなるでしょう。

　皮肉なことに投資額を増やしたり、信用取引で限度額まで買ったりした途端、暴落が起きたりするものです。下落も短期ですめばいいのですが、思ったより長く続くと初めての経験ともっている株に自信がないために「持ち株が紙切れになってしまうのではないか」といった不安や恐怖でいっぱいになります。そして思いがけないほど安い値で手放したりしてしまうでしょう。


**個人投資家の敵は個人投資家？**
　株は上昇期に入っているから大丈夫だ、などと安心してはいけません。こういう事態は何も下落相場に限ったことではないからです。好景気が続き上昇トレンドにある時でも起こります。それどころか、株の本質を理解しないまま市場に参加している個人投資家が激増している今こそ、そのような事態が起きやすいとも言えます。

　例えば、小型株に人気が集中して株価が暴騰している時に「トレンドに乗り遅れてはいけない」とさらに値上がりを期待して購入したとします。ところが、市場では「小型株はそろそろ天井だ。次は割安に放置されている大型株だ」という動きになり、そちらに資金移動が起きたりします。そうなると大変です。小型株は株数が少ないために、上がる時も急ピッチですが下がる時はさらに加速して、適正値を割り込んで下がったりするのです。

　デイトレーダーたちは、いっせいに逃げ出します。もともとその銘柄を検討し成長が期待できるという理由で買ったわけではないからです。その逃げ足の速さについていけないと、株価の頂上ではしごを外され

置き去りにされてしまいます。そうなるとこのまま何年も頂上で助けを待つか、ケガを承知で飛び降りるかしかなくなるのです。そして、大きな痛手を負って株式市場から撤退する人もいれば、さらに深みにはまり資産を失う人さえいます。これらが多くの個人投資家が陥りやすいワナなのです。

◆デイトレードについて

　インターネットの普及によって、証券会社の株式売買手数料が売買代金の０.１％程度の水準に下がったこともあり、個人投資家の間でデイトレードが盛んになっています。株式投資は「企業の稼ぎ出す利益による株式価値の向上を期待して出資する」という形が本来の姿です。が現実は、その本来の姿からは大きく逸脱しています。最近のデイトレーダーの増大による影響が無視できない状況になっているのです。特に、人気化した銘柄は株価が大幅に上がりますが、天井をつけた後は売り時を逃した投資家が損を被るといった、ババ抜きゲームと化しているような気がします。目先のお金の奪い合いです。

　先日テレビで紹介されていたデイトレーダーは、出来高が急増している人気銘柄を見つけて、朝から場が閉まるまでパソコンの前で何回も売買を行い、１日何万円も稼いでいると言っていました。まるで自宅でパチンコでもしているような感じでした。どんな事業をしている会社かということは、あまり気にしないそうです。出来高が多いこと、つまり人気銘柄ならいいわけです。とんでもないことです。

　「人気が出て出来高が急増している」ということは、すでに値段がかなり高くなっていると言って間違いないでしょう。つまり彼は高い値段で買って、さらに高くなったところで売ろう

としているのです。もし期待に反して下がってしまい、損切りしそこなったらどうするのでしょうか。何年か前に米国で似たようなブームがあり、この時のデイトレーダーたちの結末は悲惨なものだったと聞いています。

　このようなやり方は、「金持ち村」という目的地へ行くのに、猿の真似をして、木から木の高いところだけを飛び移っていこうとしているようなものです。株が上がっている間はよいですが、一旦株価が崩れだすと、自分自身も次の木でバランスを崩してまっ逆さまということになります。そうなるとこれまでの儲け以上の損失を被ることになるのです。焦らずにちゃんと地面を歩いていけば、落下せずに「金持ち村」にたどり着けるのに、なぜこのような危険な道を通るのでしょうか。
　もし、どうしてもデイトレードの魅力から抜け出せない方は、投資対象を、これから私が説明する条件にあった優良な銘柄などに絞り、それらが割安でボックス圏にある時にのみトレードされることをお勧めします。そうすれば、万一の暴落時にも損切りすることなく安心してもち続けられます。
　株の適正値を知らずに売買だけを目的で続けていると、結果として損をするのは個人投資家で、漁夫の利を得るのは冷静なプロたちなのです。

はじめに ..................... 1

# 第1の扉　キーワードは適正値 ..................... 13

## 第1章　適正値とは、株式投資で失敗しないためのキーワード ... 14
現在の株価が適正かどうかを調べているか／適正値を無視すると……／株式投資の基本は適正値を知ってこそ成り立つ

## 第2章　適正値を使って株式投資で"確実"に儲ける戦略 ... 17
総論:確実に儲けるための戦略とは／基本戦略:成長株に適正値(またはそれ以下の価格)で投資する／代替戦略:割安になっている景気変動株に投資する

## 第3章　適正な株価を知るにはどうすればいいのか ......... 20
適正値を求める計算式／適正値を求めるときの約束事／モー流投資の手順

# 第2の扉　銘柄選択術をマスターする ... 29

## 第1章　2段階方式の銘柄選択(総論) ..................... 30

## 第2章　1段階目の銘柄選択
　　　　──利益率の高い成長会社を選び出す ............ 32
資料を用意する／チェックする5つのポイント

## 第3章　2段階目の銘柄選択
　　　　──選定した会社をさらに絞り込む ............ 45
さらに効率的な投資をするためには(総論)／重要な検討事項について(各論)

## 第3の扉　適正値を計算し、買い時を知る …… 61

### 第1章　適正値を求めて買う前の心得 …………………… 62
なかなか上がりそうもない銘柄はすぐには手を出さない／私の作戦――置き網方式で優良銘柄が掛かるのをひたすら待つ／適正PERの範囲は個々のリスク許容度で決める／買うときには資金配分も考える

### 第2章　成長株について（適正値を求めてから買うまで）… 66
適正値を求め、今が買い時かどうかを知るための流れ／収益面から適正値をチェック（詳説編）／資産面から適正値をチェック（詳説編）／収益面の適正値と資産面の適正値を比較／適正値が出たら、次に買い時を見てみましょう

### 第3章　景気変動株について（適正値を求めてから買うまで）… 81
適正値を求め、今が買い時かどうかを知るための流れ／収益面から適正値をチェック（詳説編）／資産面から適正値をチェック（詳説編）／収益面の適正値と資産面の適正値を比較／適正値が出たら、次に買い時を見てみましょう

## 第4の扉　売り時のコツをマスターする … 93

### 第1章　売りのタイミングを知る ……………………………… 94
損切りとは単に損をすること／買ったときに利益を出す

### 第2章　収益性の高い成長株の売り時 ……………………… 96
成長株を売るときは成長性やPERをまずチェック／念のため、PBRもチェック／成長株の売り時とは

### 第3章　景気変動株の売り時 ………………………………… 101
景気変動株では利益が出たら必ず売る／景気変動株の売り時とは

## 第5の扉　あなたの持ち株の適正値を計算してみましょう …… 105

- 第1章　計算する前にすべきこと ……………………………… 106
- 第2章　実際に計算してみましょう …………………………… 108
- 第3章　成長株の計算フォーマット …………………………… 114
- 第4章　景気変動株の計算フォーマット ……………………… 120

## 第6の扉　景気の転換点を知って、大きな資産を形成しましょう … 123

- 第1章　金利と株式相場の切っても切れない関係 ………… 124
  世の中のお金の流れ／下げ相場に入っても株式市場に留まるのは"流れが見えない"から／投資で成功するには
- 第2章　必ずやってくる千載一遇のチャンスをものにする … 131
  お金は移動する／バーゲンセールで優良株をゲットしよう

## 付録 ……………………………………………………………… 137

- ◎お金持ち村へ続く道には、7つの順守標識があります …… 138
- ◎業界事情 ……………………………………………………… 140
- ◎成長率の計算（巻末資料） …………………………………… 150
- ◎財務諸表　バランスシートと用語説明 …………………… 154
- ◎財務諸表　損益計算書と用語説明 ………………………… 156
- ◎用語解説 ……………………………………………………… 159

# 第1の扉

## キーワードは適正値

# 第1章
# 適正値とは、株式投資で失敗しないためのキーワード

> ◆本章のポイント
> 「本当の値段（株価）＝適正値」で投資することが株式投資の"本当"の基本

## 1 現在の株価が適正かどうかを調べているか

　液晶テレビが発売された当初、ほとんどの人が何十万円もする高価なテレビを見て、「別に今買わなくてもブラウン管テレビで充分間に合っているから、いずれ安くなったら買おう」と理性的に判断できていたように思います。

　にもかかわらず、こと株に関しては冷静に、かつ理性的に判断できていないことのほうが多いと思います。事実、その株の現在値が高いのか安いのかわからないまま、「チャートで買いシグナルが出た」とか、「今年は猛暑だから飲料メーカーの株が上がりそうだ」とか、「画期的な技術を開発したから近い将来、このメーカーの株が上がりそうだ」といった曖昧で思惑的な理由で買っているケースがほとんどではないでしょうか。あなたにも思い当たるフシはありませんか？

　そのような理由で買うこと自体にも問題がありますが、それ以上に問題なことがあります。何がいけないのか、わかりますか？　お教えしましょう。

　「現在の株価が適正かどうか」という点を無視していることが大問

題なのです。自分が買おうとしている株の値段は、本当に妥当な値段なのか。高すぎてはいないだろうか。そういうことをしっかり検討しないと、最終的に株式投資で利益を上げることは困難になります。

　もう一度、あなたに質問します。あなたは、その企業の"本当の価値（株価）"で買っていますか？　その自信がありますか？

## 2　適正値を無視すると……

　仮に、何となく単純な理由である銘柄を買ったとします。目先は問題がないかのように見えていたのですが、あるとき、暴落が起きて株価がみるみる下がり始めたとします。この事態になってはじめて、多くの人は気づくのです。「自分は高値で買ってしまったのではないか」と。そして、ひどい目にあった結果、「やっぱり株は怖い」と言って、真の原因を追究しないまま株式投資から撤退してしまうのです。最悪なのは、何年か後、自分のまわりで「株で儲かった」という声を耳にすると居ても立ってもいられなくなって、また何となく株を買ってしまい、再び同じ過ちを繰り返すケースです。

　適正値を無視した結果、株価に翻弄されるというケースも考えられます。株価はたえず上下に変動しています。そして思惑や事件などで大きく下げたりします。そのとき、適正値で買っていないと、株をもち続けられないのです。下落の恐怖に負けて自分の思いとはかけ離れた大底の値段で売ってしまったりするのです。何となく株を買うということには、そういう危険がついてまわるのです。

## 3　株式投資の基本は適正値を知ってこそ成り立つ

　株式投資の基本は、"安く買って、高く売る"ことです。この基本を

安心して実行するためにも、「とらぬ狸の皮算用」をするのではなく、「株価の適正値はいくらなのか」という点に焦点をあてて行動してください。
　適正値とは、言い換えれば、「株価が高いか、安いか」を判断するための「ものさし」なのです。適正値以下ならば「買い」、適正値を上回っているならば「見送って待つ」。こういう使い方をすれば、"安く買って、高く売る"という株の基本を簡単に実践できるでしょう。先に述べたような失敗を繰り返すこともなくなるはずです。
　株式投資の基本である"安く買って、高く売る"は、適正値を知ってはじめて成り立つものなのです。

# 第2章
# 適正値を使って株式投資で"確実"に儲ける戦略

> ◆本章のポイント
> 成長株、あるいは割安な景気変動株を選び、適正値かそれ以下の価格で投資する

## 1　総論：確実に儲けるための戦略とは

　適正値を利用して"確実"に利益を上げるには、どういう銘柄に投資すればいいのかを事前に把握しておく必要があります。結論から言いますと、株式投資で確実に儲けるには大きく次の2つの戦略（＝方法）があると思っています。そして、実際に以下のやり方で投資しています。

> 【基本戦略】
> 利益成長に伴って、現在の純資産が将来大きく増えていく成長株に適正値で投資する

> 【適正値に該当する成長株が見つからないときの代替戦略】
> 現在の株価が適正値より割安になっている景気変動株に投資する

　この点を理解していないと、つまらない情報に惑わされたりして不適切な銘柄を高値で買ってしまう可能性が高くなるのです。

なお、上記で紹介した「成長株や景気変動株の適正値（またはそれ以下の価格）で投資する」については、以下に詳しく説明します。

## 2　基本戦略：成長株に適正値（またはそれ以下の価格）で投資する

　成長株とは年を追うごとに利益が増え続け、現在の純資産が将来大きく増えていく会社（の株）を指します。
　毎年複利で利益が増えていくといっても過言ではありません。このような会社の株を適正値で買うことは、打ち出の小槌を手に入れるようなものなのです。
　投資家にとって魅力的な会社とは、純資産の増え方が大きい会社＝成長していく会社になります。成長会社には、その（本来もっている）DNAが受け継がれていきますので、特に構造的な問題が発生しない限り、今後も利益が増えていく確率が高いと言えます。つまり、それに伴って株価も上がっていくと考えられます。成長が続く限り、打ち出の小槌を振っているかのように、あなたが眠っている間にあなたの資産は増えていくのです。仮に一時的に業績が落ち込むことがあったとしても、過去の業績を裏付けとした適正値で買っていれば、慌てることなく安心してもち続けることができます。

## 3　代替戦略：割安になっている景気変動株に投資する

　「景気変動株」（一般的にいわれている「景気循環株」より対象範囲は広くなりますが）は、業績も株価も景気の影響を受けやすい会社（の株）を指します。具体的には過去8年間程度の売上高と経常利益の推移を見ればわかります。これらが増えたり減ったりしている会社が該当します。

さて、景気変動株の株価が適正値水準にあるということは、どういう状態を指しているかわかりますか。実は、適正値水準にあること＝景気循環の中でスポットを浴びていない状態にあるということなのです。ですから、こういう株を買った場合は、いくら適正値で買ったとは言っても、値上がりするまでに時間がかかることを覚悟しておいてください。また、そこそこ利益が出たときには必ず利益を確定しておかないと、景気（業績）の落ち込みで株価がまた元の水準に落ち込んでしまう可能性も高くなることも覚えておいてください。

　成長株のように眠っている間に利益が複利で増えていく会社ではないのです。もしあなたが景気変動株を買ったのなら眠っていてはいけません。

　タイミングをうまく掴めば大きな利益を得ることはできるでしょう。しかし、タイミングを外せばまた株は長い眠りについてしまいかねません。注意してください。

# 第3章
# 適正な株価を知るにはどうすればいいのか

◆本章のポイント
◎適正ＰＥＲは１５倍
◎複数年の純利益の平均値を使って適正値を求める

## 1 　適正値を求める計算式

　さぁ、それでは適正値をどう求めるかについてお話しします。２１ページと２２ページに示してあるのが「適正値を求める」ための計算式です。ここでは収益面、資産面両方からの適正値を求めます。そしてどちらか高いほうを適正値とします。
　ここで、「おや、どちらか低いほうではないの？」と思われる方がいるかもしれません。
　なぜ両面からの適正値を出すかと言いますと、世の中には収益面で価値が認められる企業と、収益面では魅力はないが資産面で価値が認められる企業が混在しているからです。
　収益面からの適正値が高い企業は、その元気がある成長性などを評価されますし、一方、資産がたくさんある企業は、収益性はそこそこでも資産の高さが企業価値につながるというわけです。
　サラリーマンで言えば、給料がふつうでも家がお金持ちなら、その人はお金持ちとみなされ、お金持ちでなくても仕事で優秀な成績をあげている人は、その優秀さで評価されることに似ているかもしれません。
　ですから、収益と資産の両面から適正値を出して、世間が評価する価値の高いほうを適正値とみなすわけです。

### 成長株の場合

#### ① 収益面からの適正値

適正値＝ 4年間のEPS（1株純利益）の合計÷4 ×適正PER（＝15倍）

#### ② 資産面からの適正値

10年後のBPS（1株純資産）
＝現在のBPS＋ 4年間のEPS（1株純利益）の合計÷4 ×10年

適正値＝10年後のBPS÷1.4

※1.4で割る理由は最低でも10年間で4割の利益を確保するためです。1.0なら元本確保、1.1なら1割の利益となるわけです。現実には10年も待つことはありませんが、万一成長が止まり、景気変動株に変わってしまった場合でも、資産の増加によって儲けが確保できる道を残しておこうとの考えからこのようにしています。それぞれのリスク許容度に合わせて計算してください。

#### ③ 注意点

◎①と②の数字で高いほうが適正値となります。
◎①②ともに純利益は、過去4年間の平均値を使うことがポイントです。
◎連結決算会社の場合は連結ベースのEPS、BPSを使います。単独決算ベースの数値を使うと結果が大きく狂ってきます。

※1株純利益はEPS（Earnings Per Share）の略。1株純資産はBPS（Book value Per Share）の略。いずれも四季報などに掲載されています。

### 景気変動株の場合

#### ① 収益面からの適正値

適正値＝ 8年間のEPS（1株純利益）の合計÷8 ×適正PER（＝15倍）

② **資産面からの適正値**

10年後のBPS（1株純資産）

＝現在のBPS＋ 8年間のEPS（1株純利益）の合計÷8 ×10年

適正値＝10年後のBPS÷1.4

※1.4で割る理由は成長株のところで述べたものと同じです。

③ **注意点**
◎①と②の数字で高いほうが適正値となります。
◎①②ともに純利益は、過去8年間の平均値を使うことがポイントです。
◎連結決算会社の場合は連結ベースのEPS、BPSを使います。単独決算ベースの数値を使うと結果が大きく狂ってきます。

　いかがですか。この計算式があれば、あなたが買おうとしている株やあなたの持ち株の「適正値」を簡単に導き出すことができます。なお、上記計算式の具体例は、第3部および第4部で提示しています。参考にしてください。

## 2　適正値を求めるときの約束事

　先に挙げた計算式で、「何故、適正PER（後述）を15倍にしているのか」「何故、単年度ではなく複数年度の純利益を平均して使っているのか（成長株の場合は4年、景気変動株の場合は8年）」と疑問に思った方もいると思います。その理由について、以下に説明します。

① **適正値を計算するときに使うPERが15倍の理由**
　適正PERとは、適正値を求めるときに使うPERを指します。一般的なPERと混同しないように、便宜上、そのように名付けています。

さて、ここで本題に移りましょう。最近の日本株の投資主体のひとつが外国人投資家です。彼らにとって魅力的な株価水準を考えてみましょう。

　ご承知のように日本は長い間超低金利状態にあります。米国の１０年物国債の利回りは５％前後なので（２００６．５月現在）、理論的には日本株の利回りがそれ以上ないと、彼らにとって日本株市場は魅力的ではないわけです。具体的に言うと、「ＰＥＲ（株価収益率）が１５倍以下だと利回りは６．６６％以上となり、外国人投資家にとっては投資価値が生まれる」わけです。これが、「適正ＰＥＲ＝１５倍」の理由です。

　ここで、注意しなければならないことがあります。私は慎重派ですので、何が起こっても大丈夫なように「適正ＰＥＲ＝１５倍」としています。しかし、「適正ＰＥＲ＝１５倍」にしていると、２００６年５月現在のように相場がある程度上昇したときには「適正ＰＥＲ＝１５倍」では該当する銘柄が見つけにくくなることもあります。この場合、多少リスクをとって投資する（つまり「適正ＰＥＲ＝１８倍」あるいは「適正ＰＥＲ＝２０倍」に引き上げる）か、株価の調整があるまでじっと待つかについては、それぞれのリスク許容度によって決めてほしいと思います。

　ただ、私の経験からは、適正ＰＥＲはどんなに引き上げても「２０倍」前後が限度だと思います。それ以上はあまりお勧めできません。


## ②単年度ではなく複数年度の純利益を平均して使う理由
　私の長い投資経験からたどり着いた結論は、

**適正値を計算するときに使う数値（利益）については、単年度ではなく、過去の実績を重視して数年間の純利益の平均値を使う**

ということです。

　成長株の場合、あまり景気変動の影響を受けませんし、会社の規模

や事業規模自体も年々大きくなっているので、あまり古い業績データで評価すると実態とかけ離れてしまいます。ですから、過去4年間の平均値がもっとも適当と思われます。

　一方、景気変動株の場合は、過去8年の平均値を使います。景気変動株は、その名の通り景気の影響を少なからず受けます。最近の鉱工業生産指数の景気循環の期間が3～7年ですから、その1サイクルをカバーできるように慎重を期して「8年」を使っているわけです。

| 理解度チェック |

## ◆では以下の銘柄の適正値を計算してみましょう

（株）ショーワ（コード番号7274）
06年3月28日現在の株価　2020円

　　　　　　　　EPS（連結ベース）
02年3月　　　　　　　　94.5円
03年3月　　　　　　　106.9円
04年3月　　　　　　　101.1円
05年3月　　　　　　　121.0円

4年間平均連結EPS　ア[　　　]円

連結BPS（05年12月末現在）　1105円

①収益面からの適正値

　ア[　　　]円 × PER15 = [　　　]円
　ア[　　　]円 × PER20 = [　　　]円

②資産面からの適正値

連結BPS[　　　]円＋ア[　　　]円×10年＝イ[　　　]円

イ[　　　]円 ÷ 1.4 = [　　　]円

適正値：☐ 円（適正PERを15倍とした場合）
　　　　☐ 円（適正PERを20倍とした場合）

## 答

|  | EPS（連結ベース） |
|---|---|
| 02年3月 | 94.5円 |
| 03年3月 | 106.9円 |
| 04年3月 | 101.1円 |
| 05年3月 | 121.0円 |

4年間平均連結EPS　ア 105.9 円

連結BPS（05年12月末現在）1105円

① 収益面からの適正値

　ア 105.9 円 × PER15 = 1589 円
　ア 105.9 円 × PER20 = 2118 円

② 資産面からの適正値

　連結BPS 1105 円＋ア 105.9 円×10年＝イ 2164 円
　イ 2164 円 ÷ 1.4 = 1546 円

適正値： 1589 円（適正PERを15倍とした場合）
　　　　 2118 円（適正PERを20倍とした場合）

**◆適正ＰＥＲは成長性とリスク許容度によって幅をもたせる**

　適正ＰＥＲ１５倍というのは、外国人投資家にとっての魅力的な水準です。２００６年５月現在米国の１０年物国債の利回りは５％前後です。では今後これが７～８％になったとき、外国人投資家は日本から資金を引き上げ、日本株は下落するでしょうか。

　私は以下のように考えています。

　日本の景気が先行き悪化傾向にあり、株式相場に先安感があるときは下落の可能性は高くなります。逆に景気が好調で、株式相場に先高感があるときには、値上がり期待感が強くなり、キャピタルゲインも狙えるために、日本株の下落は考えにくいと思います。この値上がり期待感が強ければ強いほど株価は高くなりますので、適正値近辺の銘柄を見つけるのは難しくなるでしょう。

　また、これから日本の機関投資家が本格的に株式市場に参入してくれば、日本の新発国債が２％前後なので、ＰＥＲは１８倍や２０倍でもよいわけです。適正ＰＥＲ１５倍にこだわりすぎていると投資対象銘柄が見つからないまま、株価がどんどん上がってしまうかもしれません。

　では、我々としてはどう対処すればよいかということになります。私としては成長が確実と思われる銘柄については、リスク許容度に幅をもたせながら、多少高めの値段でも投資したいと思っています。成長株というのは毎年１株利益が増えていきます。それに伴って毎年適正値も上がっていきます。今は買値が適正値より高くても、来年、再来年には、適正値が買値を上回ってくることが期待できます。

　ただし、しつこいようですが、これはあくまでも成長株の場合です。

## ◆モー流投資の手順◆

① **資料を用意する**
◇ 会社四季報
◇ 投資レーダーの"チャートブック月足集"またはダイヤモンド社の"株データブック（全銘柄版）"
↓
② **投資レーダーのチャートブック月足集か株データブック（全銘柄版）で以下を自分の目で確かめ優良成長銘柄を見つける**
◇ 売上高と経常利益がほぼ毎年増え続けているか
◇ 売上高経常利益率は７～１０％以上あるか
◇ 過去に営業（経常）利益で赤字を出していないか
↓
③ **四季報などで以下を調べる**
◇ ＲＯＥは７－１０％以上か
◇ 自己資本比率（株主資本比率）が４０％以上か
◇ 有利子負債が自己（株主）資本の半分以下か
◇ 設立後１０年以上経っているか
↓
④ **四季報などのデータでそれぞれの適正値を計算して候補銘柄リストを作成する**
↓
⑤ **候補銘柄の株価が適正値以下になれば（あるいは近づいてきたら）ＥＤＩＮＥＴや見つけた会社のＨＰの決算データで以下に該当しないかチェック**
◇ 保有する土地の簿価の自己資本（株主資本）に占める割合が大きくないか
◇ 財テクをしていないか
◇ 在庫は多過ぎないか（棚卸し資産が自己資本の４０～５０％以下か）
↓

さらに、検討1〜4（47〜56ページ）をざっとチェックして実際に買う銘柄を決める
↓
買い時を見極めて仕込む
↓
成長株、景気変動株に準じた売り時を把握する

# 第2の扉

## 銘柄選択術をマスターする

# 第1章
# 2段階方式の銘柄選択（総論）

> ◆本章のポイント
> 安心して大きな利益を得るために、投資適格銘柄を選ぶ手順（2段階方式）を知りましょう

　株式投資で利益を上げたいのであれば、安心して大きな儲けを手に入れたいと思うのであれば、「利益率の高い会社に投資する」ことが必要です。しかし、ひとくちに「利益率の高い会社に投資」といっても、何千とある上場企業の中から「これは！」と思える優良成長企業を見つけ出すのは、頭で考えている以上に大変な作業になります。今から、手探り状態で"それ"を始めようと思えば、おそらく何かしらの銘柄を買う前に株式投資を断念してしまう恐れもあります。そこで、参考までに、実際に私が行っている方法を紹介しましょう。覚えてしまえば、誰にでもできるやさしい方法です。

　第1段階として、まず投資レーダーの"チャートブック月足集"またはダイヤモンド社の"株データブック（全銘柄版）"及び会社四季報などを使って該当する銘柄を選び出します。
　次に、2段階目の作業として、第1段階で抽出した企業についてさらに詳しく調べます。基本は、この2段階方式の銘柄選択法です。とりあえず定量的な分析として、以下の項目を中心に候補銘柄としての適・不適を決め、その銘柄が割安になった段階で、ＥＤＩＮＥＴのサイトなどで有価証券報告書などに目を通し再確認してから投資を決断

しています。私の場合、現在１００社程度の銘柄を選び出してウォッチしています。抽出した企業の業績データなどは表計算ソフトを使って保存・更新しています。

　手順を細かく見ていくと、とても面倒に思われますが、慣れてしまえば流れに沿って見ていくだけですので、それほど面倒ではなくなります。

---

**コラム**
**私がよく使うサイト**

・東証：http://www.tse.or.jp/data/per-pbr/index.html
　東証全体（及び業種別）の相場の現在位置（連結PBR）をチェック
・野村：http://www.net-ir.ne.jp/special/index.html
　企業のIR情報を動画で見る
・日経：http://company.nikkei.co.jp/index.cfm?nik_code=00032448
　個別企業のニュースを見る
・株マップ：http://www.kabumap.com/
　株運用のシミュレーションができるサイト
・EDINET：https://info.edinet.go.jp/EdiHtml/main.htm
　有価証券報告書を調べるときに利用

## 第2章
# 1段階目の銘柄選択
## ──利益率の高い成長会社を選び出す

> ◆本章のポイント
> 「利益率が高い＝純資産の増え方が早い＝成長していく会社」を見つける技を覚えましょう

### 1　資料を用意する

まずは、以下の資料を調べます。

◎過去8年分の業績データが掲載されている投資レーダーの"チャートブック月足集"、または6〜7年分のデータが掲載されているダイヤモンド社の"株データブック（全銘柄版）"で過去の業績の推移（成長性）や売上高経常利益率を目でチェック
◎四季報などで取扱品目や各種数字など諸々の項目をチェック
※ときに、東証に新規上場した会社やテレビの経済番組などで紹介された企業などもチェックする

### 2　チェックする5つのポイント

これらの中で、以下に示す5つのポイントを考えます。

① ＲＯＥの高い会社
② 売上高経常利益率の高い会社
③ 自己資本比率が高く有利子負債が少ない会社
④ 成長力のある会社
⑤ 設立後１０年以上の会社

　この中で、大切かつ注目すべきなのはＲＯＥ、売上高経常利益率及び成長力だと考えています。ただし、これらの利益率も単年度の数字で見ると、たまたまその年だけ景気が良くて利益率が高くなったという場合もありますので、過去何年かの平均値で見る必要があります。以下に、詳しく説明していきます。

### ① 自己資本利益率（ＲＯＥ）の高い会社がよい

　ＲＯＥとは「Rate of Return On Equity」の略で、計算式は次の通りです。

> 自己資本利益率（ＲＯＥ）＝　純利益　÷　純資産（株主資本＝自己資本）

　例えば、５００億円の純資産を使って、５０億円の純利益を出せば自己資本利益率は１０％になります。１００億円の純資産で、２０億円の純利益を出せば自己資本利益率は２０％となり、より効率的であると言えます。少ない元手でたくさんのお金が稼げるほうがよいに決まっています。
　実際に投資する場合、ＲＯＥは１０％以上の会社がよいのですが、そうすると該当する会社がかなり限られてしまうため７％以上程度にゆるめてもよいと思っています。
　成長株はＲＯＥが横ばいか、毎年増える傾向にありますが、景気変動株は商品・製品などの需給関係で利益が増えたり減ったりするので、

ＲＯＥの変動幅が大きくなります。景気変動株でも、ＲＯＥが１０％を超えたりすると、再び成長株に変身したかのように錯覚してしまうことがありますがだまされてはいけません。一時的な需給逼迫により商品・製品価格が上がったことで高いＲＯＥを達成した会社は、いずれ元の水準に戻ってしまう可能性が高いからです。

投資対象としてはＲＯＥが高いほどよいのですが、企業努力で高ＲＯＥを実現している会社に限定しなければなりません。ＲＯＥは高ければ高いほど「１株当たりの純資産」の増え方が大きくなりますが、過去の事例から、３０％とか５０％とかあまりに高すぎる数字は長続きしないこと、それまで増えていたＲＯＥが下がったときの株価の反動が大きいことなどから、あまりお勧めできません。

### ＲＯＥの高い株は純資産の増え方が早い

毎年のＲＯＥが５％、１０％、１５％の３社の、１０年後・２０年後の純資産額を比較してみましょう。

ともに初年度の純資産は１００億円とし、無配とします。

|  | ＲＯＥが５％の会社 | ＲＯＥが１０％の会社 | ＲＯＥが１５％の会社 |
| --- | --- | --- | --- |
| １年後 | １０５億円 | １１０億円 | １１５億円 |
| ２年後 | １１０億円 | １２１億円 | １３２億円 |
| ３年後 | １１６億円 | １３３億円 | １５２億円 |
| ４年後 | １２２億円 | １４６億円 | １７５億円 |
| ５年後 | １２８億円 | １６１億円 | ２０１億円 |
| ６年後 | １３４億円 | １７７億円 | ２３１億円 |
| ７年後 | １４１億円 | １９５億円 | ２６６億円 |
| ８年後 | １４８億円 | ２１４億円 | ３０６億円 |
| ９年後 | １５５億円 | ２３６億円 | ３５２億円 |
| １０年後 | １６３億円 | ２５９億円 | ４０５億円 |
| ２０年後 | ２６５億円 | ６７３億円 | １６３７億円 |

１０年後の結果は、ＲＯＥ５％の会社が１．６３倍、１０％の会社は２．５９倍、１５％の会社は４．０５倍になります。また、２０年後には、ＲＯＥ５％の会社が２．６５倍なのに対して、１０％の会社は６．７３倍、１５％の会社は何と１６．３７倍にもなっています。

　同じ金額を出して株を買っても、その銘柄のＲＯＥによって、１０年、２０年後にはこれほどまでに純資産額が違ってくるのです。割高な値で株を買った後、相場全体が下がったとしても、高ＲＯＥ株なら、含み損を抱えている期間が比較的短くてすむ可能性が高いと言えます。

### ＲＯＥの高い株はその数値を毎年維持できれば最高の投資になる

下記の表を見てください。

|  | 純利益 | 純資産 | ROE |
|---|---|---|---|
| 当年 | 10 億円 | 100 億円 | １０％ |
| 1 年後 | 11 億円 | 110 億円 | １０％ |
| 2 年後 | 12.1 億円 | 121 億円 | １０％ |
| 3 年後 | 13.31 億円 | 133.1 億円 | １０％ |
| 4 年後 | 14.641 億円 | 146.41 億円 | １０％ |
| 5 年後 | 16.1051 億円 | 161.051 億円 | １０％ |

　期間中、株式分割などがなかったとすれば、１株当たりの純利益も５年後には６１．０５１％増えることになります。このように毎年１０％以上の利益成長が見込める高ＲＯＥ会社に適正値、あるいは割安な値で投資ができれば、すばらしい成果が期待できるということです。

　現在は高ＲＯＥでも純利益が横ばいの会社は、純資産のみが増えるので毎年ＲＯＥが下がり続けることになります。こうい

う会社は増配などをしてＲＯＥを維持しない限り魅力に欠けることになります。
　繰り返しになりますが、一番効率よく利益が得られるのは、毎年利益成長を続けている高ＲＯＥ株に妥当な値段以下で投資することです。もしそのような株が見つけられない場合は、少なくとも１０年後の１株純資産が買値の１２０〜１４０％程度以上になりそうな高ＲＯＥ株を探すとよいと思います。借金を増やさず、どんどん純資産が大きくなっていく企業に投資することです。
　企業の業績も学校の成績と同じで、よほどのことがない限り、良いものはいつまでも良い、悪いものはいつまでも悪いというのが現実のようです。

### ②売上高経常利益率の高い会社がよい

　会社の利益には大きく分けて、営業利益、経常利益及び純利益の３つがあります。先に語句を説明しておきましょう
　営業利益というのは、「売上高」から「売上原価」と「販売費および一般管理費」を差し引いたもので、会社本来の営業活動から生じた利益を指します。
　経常利益というのは、営業利益に受取利息や受取配当金等を加え、支払利息等を差し引いたものを指します。
　売上高経常利益率とは、売上高に対する経常利益の比率のことで、計算式は次の通りになっています。

　　　　売上高経常利益率　＝　経常利益　÷　売上高

株式投資で利用する場合、本来は「売上高経常利益率」よりも本業の利益のみを反映した「売上高営業利益率」を使うほうがよいかもしれません。しかし、日経新聞などでは営業利益が発表されないので、私は経常利益を使っています。
　この売上高経常利益率が10％を超える会社は、経費削減が徹底されていると言えます。激しい価格競争に巻き込まれてもライバルとの戦いに最終的に勝ち残れるという強みがあるわけです。
　どういうことなのか、一般の家庭を例に見てみましょう。こまめに電気を消して電気代を節約している家もあれば、電気をつけっ放しにして節約には無関心の家もあるように、それぞれの家庭において経費（光熱費など）の捉え方は異なります。
　ここでメッセージしたいことは、多くの場合、こまめに電気を消す家は水道代を節約する方法も知っているということです。言うまでもなく、電気をつけっ放しにする家はその方法すら知りません。そのまま仮に1年が過ぎたとします。それぞれの家の1年間分の経費を合計するとどうなっているか。説明するまでもありませんが、それぞれの家の必要経費は大きく異なってきます。
　同じようなことが会社においても見られるのです。節約している会社はどんどん節約して強くなり、無駄の多い会社は利益が出ずに四苦八苦することになるのです。
　ホンダ系のブレーキメーカーの日信工業が、ブレーキ製造に使うアルミをインゴット（塊）でなく、ドロドロに溶けた液状のまま購入しているという記事を読んだことがあります。インゴットを高熱で溶かす費用と時間を節約しているとのことでした。きわめて妥当な判断だと思います。
　また別の視点から見ると、継続して売上高経常利益率が10％を超える会社＝価格競争に巻き込まれることのない会社——取り扱っている製品などが他社とは一線を画している、ブランドとして定着しているなど——といえるでしょう。代表的な例としては、エルメスやルイ・ヴィトンなどが該当します。
　売上高経常利益率を見ればその業界の競争の激しさがわかります。

一般的に、競争の少ない製品を扱っている会社のほうが、競争が激しい製品を扱っている会社よりも売上高経常利益率が高くなっています。これも１０％以上が理想ですが、１０％にこだわりすぎると対象が限られてくるので、投資にあたっては基準をもう少しゆるめてもよいと思います。

### ③ 自己（株主）資本比率が高く有利子負債が少ない会社がよい

自己資本比率が４０％以上で、四季報などに記載されている有利子負債額が自己資本の半分以下の会社は金利負担が軽く、不況に対して抵抗力があるとともに、インフレ時にも比較的有利に対応できる体質にあるといえます。ただし商社・金融業などに関しては例外扱いとなります。

```
連結自己資本 ÷ 連結総資本 ＝ 連結自己資本比率
```

### ④ 成長性のある会社がよりよい

「投資をするなら、成長性のある会社に！」については特に異論はないと思います。成長性については「売上・経常利益――過去８年間程度――がともにほぼ毎年増額傾向にあるかどうか」「純資産――過去８年間程度――が確実に増えているかどうか」をチェックします。

**■売上・経常利益ともほぼ毎年増額傾向にある会社**
四季報などから過去８年間程度の経常利益を調べ、さらに毎年の増

加率を計算し、その平均値をとると成長率がわかります。「6～8年前の3年間の平均経常利益」と「最近3年間の平均経常利益」を比較して、およその年間平均の利益成長率を計算する方法もあります。

　いずれも売上高が増えていることが成長の条件となります。ただし、利益成長率が40％、50％と急成長している会社には注意が必要です（年20～25％ぐらいまでは正常の範囲です）。そういう会社は借入金を増やすなど、相当無理な経営をしている可能性もあるので、投資は見送ったほうがよいと思います。設備投資をしすぎてその投資資金が回収できなくなったり、売上が頭打ちとなり、急激に増やした人件費などの固定費が重くのしかかってきたりして、経営基盤そのものが揺らぐことさえあるからです。会社経営はマラソンレースのようなものなのです。体力の配分を間違えて途中で息切れしてしまっては負けなのです。

　ちなみに、売上・経常利益が減少傾向にある会社は、何らかの構造上の問題等があるかもしれませんので、投資は避けるべきです。

## ■純資産が確実に増えている企業

　過去何年かの自己資本の伸び率とROE（配当分を除いて計算する）を比較してみて、だいたい同じような数字ならばまず問題ないと思われます。

　しかし、大きな利益が出ているのにBPSが増えていない場合には、何らかの経営上の問題があるのではないかと疑ってみる必要があります。例えば、株価が高すぎるときに、株主還元だといって自社株買いをしてBPSを減らしているとか、反対に、株価が高いときに公募増資をしたり、長期保有株の評価益が出たりすれば、本業の儲け以上にBPSが増えていることも見えてきます。

　実例を挙げてみましょう。花王はすばらしい会社ですが、利益の伸びに対してBPSがあまり伸びていません。これは高値での自社株買いと株主に対する高配当の結果と言えます。

| 事例 | 利益成長に対してＢＰＳの増え方の対照的な例

## 会社名：花王（４４５２）

　１９９９年１０月以降、数回にわたって高値で自社株買いをしたこともあり、８年経過後ＢＰＳは３０％しか伸びていません。せっかく本業で稼いでも、後でその利益を無駄にしてしまっているように思います。

|  | １株純利益（円） | 配当（円） | ＢＰＳ（円） |
|---|---|---|---|
| １９９７．３月 | ４５．９ | １４ | ６３２ |
| １９９８．３月 | ４０．１ | １５ | ６８５ |
| １９９９．３月 | ５６．０ | １６ | ７２７ |
| ２０００．３月 | ８３．５ | ２０ | ７６６ |
| ２００１．３月 | ９６．７ | ２４ | ７６０ |
| ２００２．３月 | １００．４ | ２６ | ７７９ |
| ２００３．３月 | １０８．１ | ３０ | ７４５ |
| ２００４．３月 | １１９．１ | ３２ | ７８２ |
| ２００５．３月 | １３１．２ | ３８ | ８２１ |

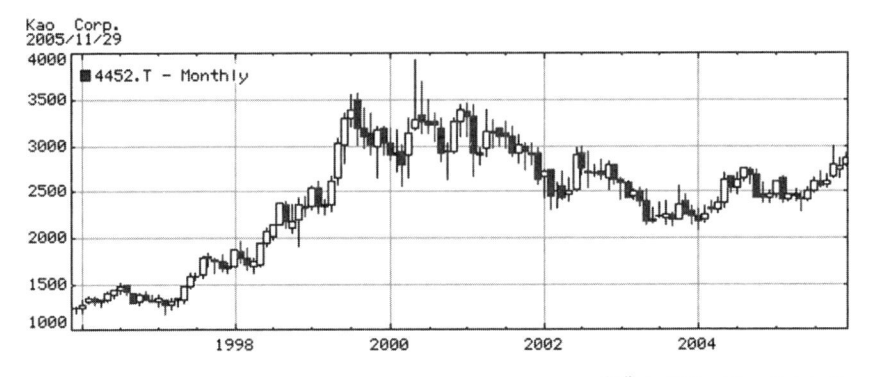

出典：ヤフーファイナンス

会社名：キャノン（７７５１）

７年後のＢＰＳは９６．５％増加しています。株価も右肩上がりです。

|  | 1株純利益（円） | 配当（円） | BPS（円） |
|---|---|---|---|
| １９９７．１２月 | １３４．６ | １７ | １２６８ |
| １９９８．１２月 | １２６．１ | １７ | １３１９ |
| １９９９．１２月 | ８０．７ | １７ | １３７９ |
| ２０００．１２月 | １５３．７ | ２１ | １４８３ |
| ２００１．１２月 | １９１．３ | ２５ | １６６５ |
| ２００２．１２月 | ２１７．６ | ３０ | １８１４ |
| ２００３．１２月 | ３１３．８ | ５０ | ２１２１ |
| ２００４．１２月 | ３８７．８ | ６５ | ２４９２ |

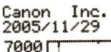

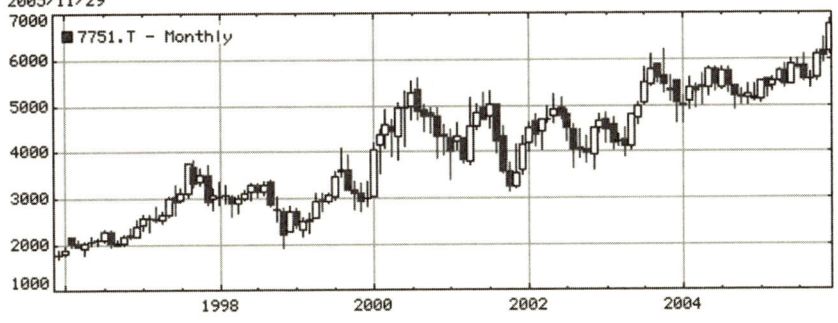

出典：ヤフーファイナンス

## ⑤設立後１０年以上がたっているか

　最近では、設立後間もない会社が株式公開し、特に２００５年には公募価格の６倍とか７倍とか、考えられないような初値をつけるケースが頻発しました。しかし、これは一時的なブームに過ぎないだろう

と思われます。初値が公募価格を下回り、今後、大ケガをする人がたくさん出てくると懸念されます。

　会社設立後少なくとも１０年間は、その事業が軌道に乗るかどうかの非常に危険な時期です。もちろん、大成功を収める会社もありますが、米国などでも設立１０年後に生き残れる会社は一握りと言われている状況を考えると、これらの会社への投資は避けたほうがよいと思います。

　また小型急成長企業の場合は、市場が飽和状態になったり競合が激しくなって業績が悪化したりすると、投資家にとっては致命的な状況になります。

　私の場合、会社の年齢以外に一部例外を除き、投資対象を東証上場銘柄に絞るようにしています。理由は東証に上場している企業の財務諸表は比較的信憑性が高いからです。不正経理などの問題が発覚すると致命傷ですから。

---

**重要コラム**
**以下に挙げる会社は投資対象から外したほうが無難です。**

### ①含み損・隠れ債務が大きい会社

　最近の会計基準の変更（減損会計）などにより、土地などの含み損は確かに隠しにくくなったものの、まだすべてが表に出ているわけではありません。会社の事業報告書などに記載の保有地の簿価が、自己資本に対して１０％以下などと小さい場合は無視してかまいませんが、自己資本に占める割合が２０％以上など大きい場合には、有価証券報告書の会社の所有地の価額を、毎年新聞で発表される全国の地価公示価格・路線価などをもとに計算して、大きな含み損がないかを調べる必要があります。

　実際に調べてみると、新しい会社は先のバブル期前後に買った不動産に含み損が見られる一方、古くからある会社は意外と大きな含み益があることが発見できたりします。

東証１部上場の京都の印刷会社Ｎ社を例に挙げてみましょう。本社工場は京都市の四条通りに面した非常に立地条件の良い場所にあります。以前、この会社の有価証券報告書を見たとき、その本社工場の敷地面積は約５２，６００$m^2$で簿価は３６００万円となっていました。１$m^2$当たり６８４円です。大変な驚きでした。

　このように、不動産などの大きな含み益がある会社はほかにもたくさんあります。有価証券報告書を調べてみてください。

　もちろん、そのときに含み益ではなく、（土地などに）含み損があるとわかったならば、その会社のＢＰＳはその分だけ減額調整しなければなりません。建設会社などは土地の含み損以外に１９９０年頃のバブルの遺産として、多額の保証債務を抱えていることがあるので要注意です。これらは貸借対照表上に記載はなく欄外に記載されている場合があるので注意して見る必要があります。

### ②過去に営業（経常）利益で赤字を出した会社

　営業利益（あるいは経常利益）で赤字を計上したことのある会社は本業の取引などで損を出しているということなので、避けたほうがよいでしょう（例えば小売業などで不採算店を閉鎖して損失を出した場合などは、純利益が一時的に赤字になることはあり得ます）。経営者に問題があったり、業界自体に問題があったり、ヒット商品ばかり追いかけているような業績の不安定な会社である可能性が高いからです。

　毎年安定して利益を出している会社はほかにもたくさんあるわけですから、わざわざ問題があるかもしれない会社に虎の子を投資することはありません。念を押しますが、「赤字を出す」ということは「純資産が減る」ということなのです。

　過去に実質的に減配したことがある会社も一応注意を払ったほうがよいかと思います。

### ③ 株式運用（財テク）をする会社

　会社が成熟段階に入り事業拡大が頭打ちになったとき、有利子負債を減らす、安値で自社株買いをするか、増配をするといった対応策をとらずに、余った資金を株で運用しようとする会社があります。先のバブル崩壊では銀行をはじめ多くの会社が財テクに走り、大きな損失を被ったという事実を忘れてはなりません。

　いくら上手な運用のプロがいるからと言っても、我々一般投資家にはどういう基準で、誰がどのように運用をしているのかはわかりません。貸借対照表の「流動資産の部」の「有価証券」の額が大きい会社は財テクで稼ごうとしている可能性があるので、その「有価証券」の中身が株であるか債券であるかをきちんと調べる必要があります。財テクをやっている会社は、一時的に大儲けもしますが大損する可能性ももちろんありますので、リスクを排除する意味でも避けるほうが無難です。

### ④ 在庫の多い会社

　貸借対照表の棚卸資産がかなり大きな金額になっている——自己資本などに対して４０〜５０％もある——場合、不良在庫の可能性があります。特に、アパレルやハイテク品など、流行のある商品は無価値に近い状態になっていることがあるので要注意です。

　また、これらの商品を処分すれば、その時点で赤字になり純資産額が減ってしまう可能性もあるので、念のため１年間の在庫回転率を調べて、同業他社と比較しておくとよいでしょう。

```
在庫回転率　＝　売上原価（売上高）　÷　貸借対照表の
棚卸資産
```

# 第3章
# 2段階目の銘柄選択
## ──選定した会社をさらに絞り込む

◆本章のポイント
1段階目で絞り込んだ企業を、4つの検討課題に沿ってさらに絞り込みましょう。そして、効率的な投資をしましょう。

## 1　さらに効率的な投資をするためには（総論）

### ①着実に実績を上げている企業への投資は間違いが少ない

　我々個人投資家にとって企業の将来の業績予測は時間的にも能力的にも大変困難です。ですから、プロ（証券アナリスト）の意見を参考にするわけです。しかし、プロの証券アナリストの予測が100％当たっているかというと、これも疑問です。そうです、アナリストリポートというのは、それがどういう立場で書かれたかを念頭において、少しは中身を疑ってみる必要があるわけです。
　誰の業績予測もあてにできない状況では"投資"するのは難しいのでは？と思われる方もいるかもしれません。安心してください。ひとつだけ「確か」と言えることがあります。「長年着実に収益実績を上げ続けている企業に割安な値で投資をすれば間違いが少ない」が"それ"に当たります。このような企業は、以下に挙げる検討課題をほぼクリアしています。だからこそ、すばらしい業績を残せたのだという見方もできます。

### ②将来は"不確か"だから検討には検討を重ねて

　ただ、そうはいっても、将来何が起こるかは誰にもわかりませんので、"これから先も優秀な業績を維持し続けることができるか"を細かく検証することが求められることについては言うまでもありません。
　会社というのは、大企業も含めて収益の柱になっている製品・商品・サービスはほんのひと握りしかありません。
　さて、ここで重要なのは、どういう製品や商品を提供しているかについて知ることではありません。以下に挙げている検討課題をチェックすることなのです。今後の見通しを予測するうえで、この検討は欠かせないものになります。

◎検討―1：その企業の商品・製品の需要は将来的にも続くか（＝それらの需要が将来的に拡大傾向にあるのか、あるいは縮小傾向にあるのか）
◎検討―2：企業の成長要因は何か
◎検討―3：企業が抱えているリスク要因は何か
◎検討―4：ライバルとの差別化戦略はあるか

　こういう思考回路は、会社の事業報告書や日経新聞の企業・業界に関する記事などを読み続けていると自然と自分の中に出来上がるものです。
　セブン―イレブンの鈴木会長が「将来から現在を考えたときに、まったく違う世界が見えてくる」という発言をされていました。このように逆の発想をするのもひとつの有効な方法だと思います。私自身、それらの方法で「収益の柱になっている製品・商品・サービスの需要が、少なくとも今後5年間にわたって拡大傾向にある」と確信できる企業を見つけたときは、念のために投資先企業の広報担当などに電話やメールで話を聞いて再確認して、投資比率を高めた集中投資をすることがあります。そして、それは大きな果実となって私の元へ返ってきております。

## 2 重要な検討事項について（各論）

### 検討—1
#### その企業の商品・製品の需要は将来的にも続くか

　例えば、自動車産業は国内では少子化時代を迎えているため、将来的には需要の伸びは期待できません。しかし、世界的な視点で見ると、国民全体が経済的に裕福になりつつある中国・インド・ロシア・ブラジル等で、今後も需要が増えていくと期待できます。日本の会社の場合、系列の部品メーカーも含め、米国と違って終身雇用に支えられて長年蓄積された技術が、今になって花を咲かせています。

　また自動車の場合、パソコンのような機器とは違い3万点もの部品が使われ、それらが長年改良に改良を加えられて今に至っています。ですから、ヘッドハンティングで技術者を獲得したからといって同じ性能の車を簡単に作ることはできないわけです。

　ただ、自動車部品メーカーについては、製造している部品の種類によっては将来的に需要がなくなるか減少するところが出てくる可能性が予想されます。例えば、燃料電池車が本格的に普及し始めたとしたら、エンジン部品・クラッチなどは不要になりそうです。

　でも、あまり先の心配ばかりしていると、目先の儲けを逃してしまうことにもなります。

### 検討—2
#### 企業の成長要因は何か

①海外展開をする
②相乗効果のある企業買収・多角化をする
③新商品・新技術開発で新しい市場を創る
④市場のシェア拡大を図る

⑤市場自体が勝手に大きくなる
⑥規制強化・緩和により需要が増える

### ①海外展開をする

現在、国内の繊維産業などは、値段の安い中国産衣料の台頭によって大変苦しい状況に陥っています。そういう状況の中、ユニクロなどは衣料品を中国契約工場から輸入して国内で有利な競争を展開しています。中国は徐々に資金力・技術力をつけてきており、今後は繊維製品だけでなく、鉄鋼製品などあらゆる商品を日本に輸出してくるものと思われます。日本国内にしか工場がないメーカー等は、製造ラインの完全自動化などを実施しない限り、コスト高となり厳しい競争を強いられることになりそうです。

### ②相乗効果のある企業買収・多角化をする

現有する技術・ノウハウ・流通チャネルなどの経営資源を活用することで、多角化を進めている企業は、軽い負担でチャンスが広がる可能性があります。京セラ・日本電産は、企業買収などで成長してきました。キャノンは内製化で技術を蓄積することで、環境変化への迅速対応とコスト削減を図っていますが、自社にない技術はM&A（企業の合併・買収）を行うことで、早期に事業拡大に役立てる戦略をとっています。

### ③新商品・新技術開発で新しい市場を創る

ホンダのアシモ、ソニーのアイボ等のロボットが日常生活に入り込み、新しい市場が創られつつあります。携帯電話は、今では市場とし

ての確固とした地位を獲得していますが、ついこの前までは新規市場の代表的なものでした。

### ④ 市場のシェア拡大を図る

　コンビニは個人経営の駄菓子屋、食料品店、酒屋などの市場を、規模のメリットなどを生かして奪いながら大きくなってきました。最近では少子化の問題を抱えてはいるものの、大手の学習塾が個人経営の学習塾のシェアを食いながら伸びています。

### ⑤ 市場自体が勝手に大きくなる

　自動車メーカーなどにとっては、中国・インド・ロシア・ブラジルなどの経済発展により、車の販売市場が大きくなりつつあります。

### ⑥ 規制強化・緩和により需要が増える

　駐車違反取締り強化によって、駐車場経営のパーク２４、日本駐車場開発などは業績を伸ばしています。また、一時的なものかもしれませんが、ゆとり教育実施で危機感を持った親が子供を学習塾に通わせるようになったことから、学習塾を経営する会社が業績を伸ばしました。

## 検討―3
### 企業が抱えているリスク要因は何か

① 単品経営・単一顧客
② スキャンダル・モラルの低さ

③ 経営者の問題
④ 生産拠点の一極集中
⑤ 政府がらみ、あるいは規制で利益が守られている事業
⑥ 消費者の「飽き」
⑦ 業績・財務内容が悪い親会社を持つ
⑧ リコール・不具合・副作用

### ① 単品経営・単一顧客

　ひとつの製品などに社運をかけている企業、特に次から次へと新製品が創り出されるハイテク関連の専業メーカーなどでは、画期的な新技術が開発されたりすると、その製品の市場自体が消えてなくなり仕事そのものがなくなるリスクがあります。
　また下請け部品メーカーなどは大手製品メーカーの内製化などで仕事がなくなるリスクも負っています。
　同じ製品・サービスを何年も続けることは重要ですが、一方で定期的に独自の新製品・サービスも出していかなければなりません。例えば、単品経営の食品会社などは不測の事態——食中毒・狂牛病・鳥インフルエンザなど——が発生すれば致命的なリスクを負う恐れも考えられます。

### ② スキャンダル・モラルの低さ

　スキャンダルが発覚した会社、モラルの低い会社は、それによってブランドが崩壊し、業績が大きく落ち込むことがあります。雪印乳業の食中毒問題、武富士の顧客脅迫問題などはその典型的な例と言えるでしょう。
　ちなみに、雪印食品は２００２年１月に牛肉の産地偽装が発覚し、その後、豚肉も長期間にわたる産地偽装が判明、最終的に会社解散に

追い込まれました。


### ③経営者の問題

　既存設備等を有効利用できない新規事業への投資や、本業と無関係の業種の企業を買収するような経営者がいればその企業への投資は考えものです。おもちゃのタカラは電気自動車の販売や家電販売などに手を出して失敗しました。
　余ったお金を株主に還元せずに財テクに走る経営者も要注意です。お金が余れば、有利子負債を減らしたり、増配したり、安値で自社株買いしたりする経営者が投資家にとって良い経営者と言えます。また銀行・保険会社などは会社の運用金額が大きいだけに、聡明な経営者の下ではすばらしい業績をあげますが、思慮の浅い経営者の下ですと破産のリスクすらあると言われています。投資に際しては、経営者をよく見極める必要があります。
　我々個人投資家は経営者と直接話をすることはできません。しかし、会社のそれまでの実績や、出てきた数字を見れば、どんな経営者なのかをある程度判断できると思います。


### ④生産拠点の一極集中

　中国などの低廉な労働力を使って製造した安価な製品・商品を第三国や日本に輸出するビジネスモデルを持っている会社は、その国の政情が安定している間は有利な競争を展開できるという見方もあります。しかし、経済成長による人件費の上昇や通貨切り上げが行われたりすると一気に利益が圧迫されます。そうすると生産拠点を他国へシフトせざるを得なくなる可能性が出てきます。ユニクロを展開しているファーストリテイリングは製品の9割を中国の契約工場で生産していると言われています。ほかには、衣料品販売のしまむら、マブチモータ

一など数え上げればきりがありません。

このように生産拠点をどこかに一極集中させている企業は注意が必要です。特に、政治的に問題がある国であったりすると大変大きなリスクを負うことになります。もちろん、すでに世界的に生産拠点の分散化を実施しているトヨタやホンダなどの自動車メーカーのように、主にその国で販売するために全体の生産拠点の一部として新設するのであれば、政治的なリスクは多少あっても問題が顕在化しない限り、企業として大きな成長のチャンスを掴むことにもなります。

また、日本国内であっても、大地震などの天災に備えて工場を各地に分散させている企業のほうがより安心です。

### ⑤ 政府がらみ、あるいは規制で利益が守られている事業

電力・ガス・鉄道・放送・通信・金融・医薬など国の規制で利益が守られていたり、政策によって利益の額が変動したりする業種への投資は控えめにしたほうがよいと思います。その規制などが緩和・撤廃されたときに大きな影響を受け、突然激しい競争に巻き込まれるためです。最近減少傾向にある公共事業に従事している企業にも同様のことが言えます。

### ⑥ 消費者の「飽き」

小売・外食などの業界では、資金の都合さえつけば誰でも開業できるので、競合店が次から次へと誕生しています。ケンタッキー・フライド・チキンが日本に上陸した当初、私自身「こんなにおいしいものが世の中にあったのか」と思ったこともありますが、今では食べたいとも思わなくなっています。モスバーガーも同じです。最初は目新しさなどから人気が出ても、身近にあっていつでも食べられると思うと飽きてしまうものなのです。

これらの業界は、消費者の"ブームと飽き"が大きく影響し、それが直接その企業の収益に表れてきます。仮に、既存店の売上が大きく低迷し始めたとしましょう。成長段階で採用を大幅に増やしてきた場合には、人件費などの固定費を一挙に削減することができません。その結果、最近まで成長軌道に乗っていた会社が突然大幅減益あるいは赤字転落といった事態も起きてきます。この点は要注意です。有名なマゼランファンドの元ファンドマネジャーのピーター・リンチ氏は「既存店が低迷し出すまでの期間が投資の好機である」と自分の著書に書いています。

### ⑦ 業績・財務内容が悪い親会社を持つ

　親会社の都合で――株式交換などの手法を使って吸収合併されるなど――足を引っ張られる可能性があります。会社四季報などで大株主がどこか調べておく必要があります。

### ⑧ リコール・不具合・副作用

　医薬品会社の場合、主力製品の副作用によるリコール（無償回収・無償修理）が発生すれば、売上大幅減になる可能性があります。米国の製薬会社メルクは２００５年８月に消炎鎮痛剤「バイオックス」の副作用問題で２．５億ドル強の賠償金支払いを命じられ、商品自体も販売中止に追い込まれたそうです。自動車では三菱自動車などがリコール隠しの問題で販売不振に陥ったことはまだ記憶に新しいところです。

> **検討— 4**
> ライバルとの差別化戦略はあるか

① 規格品メーカー
② 資金さえあれば参入できる業界
③ 技術流出の防止
④ 技術力・商品力
⑤ 販売力


### ① 規格品メーカー

　標準規格の製品のみを製造しているメーカーは、ほかのメーカーも同じようなものを作っているため価格競争が激しく儲かりません。パソコンメーカーなどが"それ"に該当します。規格品はネット取引にうってつけの商品でもあるため、さらに競争が激しくなります。


### ② 資金さえあれば参入できる業界

　商品力・ブランド力などで差別化できない業種の場合、勝ち残るためには価格競争しかなく、最終的には企業同士の体力勝負となります。これらの企業に投資する場合、業界シェアトップクラスの企業が有利であることは言うまでもありません。特に、市況商品・相場商品などは規格品でもあるため、需給関係と価格競争のみによってその業績が決まってきます。小売業の場合を例にとりますと、コンビニなどでは自社の独自ブランド商品の比率を大幅に増やして、販売価格を高値で維持しようとしていますが、ホームセンター、ドラッグストア、家電量販店などでは皆同じようなナショナルブランドの商品を扱っているため、価格競争に走らざるを得ない状況にあります。これらの業界では、独自商品の開発もさることながら、規模のメリットを生かしたコストカ

ットに勝敗がかかっていると言ってもよいと思います。ホームセンターのホーマック、カーマ、ダイキの3社が2007年にも経営統合の方針を打ち出したように、この業界で業務提携や経営統合が最近増えているのはこのような理由があるためです。

「参入ハードルの低い業界では資金量の多いところが勝つ」ということを覚えておく必要があります。業界シェアトップクラスの企業は、理論的には下位の企業が撤退あるいは倒産などでさらにシェアを伸ばすことができるのも事実です。しかし、マクドナルドのハンバーガーの大幅値引きケースのように、競合相手を撤退させる前に自分の業績が悪くなってしまったという事例もあるので、体力勝負と言っても過信は禁物です。

### ③技術流出の防止

天然調味料メーカーのアリアケジャパンは製品製造のための設備機械そのものを自社で開発し、オートマ化を図っています。設備機械について特許を取得すると、同業他社に真似される可能性があり、優位性がなくなるので申請すらしていないそうです。同社は、作っている商品は違いますが、加ト吉のように安い労働力を求めて中国などに工場を作らなくても、日本で少ない人数で充分競争に勝てる状況にあります。ホンダ系のブレーキ部品メーカーである日信工業なども自社で設備機械を開発しています。家電のシャープは液晶を製造している亀山工場の社員以外の立ち入りを禁止し、技術が漏れないようにしています。

### ④技術力・商品力

電機メーカーなどは、資本関係のない他メーカーから部品等を購入して製品を組み立てるといった水平分業型になっているので、製品自

体他社との差別化がしにくい状況になっています。これに対してロボット・自動車などは自己完結型です。部品を自社の系列メーカーで作らせたり内製化したりしています。長年にわたって蓄積された技術によって差別化しやすく、値引き競争にさらされる心配が少ないわけです。いずれにしても、成長の原動力は研究開発ということになります。

### ⑤販売力

自ら販売チャネルをもたず他人任せにしていると、顧客のニーズや時代の変化などに臨機応変に対応できず、ビジネスチャンスを掴むどころか逃してしまう怖れもあります。キーエンスの場合、製品の技術的な内容まで熟知した営業マンが、顧客の購買部門だけでなく、生産や研究開発の現場にもたびたび顔を出して、適時適確なニーズをビジネスに結びつけているようです。

---

#### ★分散投資は基本

何年も高ROEを維持している銘柄は、いくつかの業種に分散投資すれば詳しく調査しなくてもかなり安心していてよいと思います。プロ野球を例にとると選手、特に野手は、その成績を「打率」で評価されるのが一般的です。会社では、この「打率」に当たるのが「ROE」ということになります。野球の場合、過去何年も3割以上の打率を残している選手が突然2割5分以下しか打てなくなるということは考えにくいものです。なぜなら、その選手はほかの平均的な選手とは違った何かを持っているからです。だから何年にもわたって高打率を維持できているのです。

高校野球の出場校を見ても、多くの場合、いつも名門校と呼ばれる学校が名を連ねています。激しい競争をいつも生き抜いてこられる理由は、監督が優秀であることや、その学校が野球に力を注いでいるといったもろもろのしっかりとした基盤があるからでしょう。
　会社も同じで、過去何年間にわたって高いＲＯＥを出している企業は、ほかとは違う実力があるのです。ですから今後ＲＯＥが急落するのではないかといった心配はさほどいらず、急激な成長をとげている会社を除いて、過去の実績の延長線上にあると考えてもよいと思います。
　ただ３割バッターの野球選手でも病気や怪我やスランプで、思うような成績が残せない場合もありますので、その選手だけに頼るのは危険です。株式投資も同じで、４～１０程度のできるだけ異業種銘柄にリスク分散する必要があります。仮に優良な２銘柄を選んで同額を投資したとして、一方の経営者が軽率で愚かな社長に代わった途端業績が落ち込み、その結果、株価が半額になったとしても、もう一方の会社がすばらしい業績を上げて株価が５割上がれば損失は相殺されます。突然の事故、例えば工場火災・地震・原発事故・不祥事などが起こらないとも限りませんので、いくつかに分散することは基本です。
　ただし、１０銘柄を超えると何が何だかわからなくなるので、自分が確実に管理できる程度で行ってください。

## ★私がウォッチしている代表的な優良成長銘柄３５社（参考）
売上高経常利益率及びＲＯＥの高い企業例（２００６年３月２８日現在）

　これらの企業の買い時は、予想ＰＥＲ・４年間平均ＰＥＲがともに１５～２０倍以下になったときですが、実際に買う場合は事前に財務諸表などのチェックが必要です。

| 銘柄 | コード | 株価 2006.3.28 | 予想 PER | 4年間平均 PER | 4年間平均 経常利益率 | 予想 ROE | 4年平均 ROE |
|---|---|---|---|---|---|---|---|
| セコムテクノサービス | 1742 | 4730 | 17.3 | 23.2 | 7.9% | 14.5% | 10.8% |
| 大東建託 | 1878 | 5840 | 20.6 | 28.1 | 12.1% | 15.5% | 11.4% |
| アリアケジャパン | 2815 | 3450 | 30.6 | 35.7 | 28.0% | 9.2% | 7.9% |
| 信越化学 | 4063 | 6180 | 24.3 | 34.5 | 15.1% | 10.2% | 7.1% |
| 武田薬品 | 4502 | 6850 | 19.7 | 22.8 | 36.7% | 13.4% | 11.5% |
| エーザイ | 4523 | 5190 | 24.4 | 33.6 | 16.9% | 12.0% | 8.7% |
| 久光製薬 | 4530 | 3010 | 20.5 | 27.5 | 24.4% | 14.5% | 10.8% |
| テルモ | 4543 | 3780 | 25.1 | 40.1 | 17.0% | 11.5% | 7.2% |
| トレンドマイクロ | 4704 | 3900 | 26.7 | 41.4 | 35.6% | 23.9% | 15.4% |
| コーセー | 4922 | 4450 | 31.0 | 34.0 | 9.9% | 9.2% | 8.4% |
| 小林製薬 | 4967 | 4090 | 24.5 | 26.1 | 6.4% | 10.5% | 9.9% |
| ダイキン工業 | 6367 | 4010 | 25.8 | 39.6 | 7.6% | 12.7% | 8.3% |
| 日本電産 | 6594 | 8960 | 32.4 | 89.5 | 8.2% | 16.1% | 5.8% |
| 船井電機 | 6839 | 10630 | 18.0 | 18.6 | 9.9% | 10.4% | 10.1% |
| キーエンス | 6861 | 29090 | 29.2 | 47.5 | 47.8% | 14.5% | 8.9% |
| シスメックス | 6869 | 5210 | 34.7 | 78.2 | 9.8% | 12.5% | 5.6% |
| デンソー | 6902 | 4620 | 25.5 | 38.4 | 7.1% | 7.9% | 5.3% |
| 日東電工 | 6988 | 9710 | 31.2 | 70.6 | 10.8% | 16.8% | 7.4% |
| トヨタ自 | 7203 | 6360 | 18.7 | 23.6 | 8.7% | 10.9% | 8.6% |
| 武蔵精密 | 7220 | 2835 | 14.3 | 19.0 | 9.5% | 16.3% | 12.2% |
| 日信工業 | 7230 | 2345 | 17.1 | 26.3 | 11.2% | 14.2% | 9.2% |
| NOK | 7240 | 3170 | 18.9 | 26.3 | 9.9% | 13.5% | 9.7% |
| ケーヒン | 7251 | 3280 | 13.7 | 26.8 | 7.0% | 16.6% | 8.5% |
| 本田技研 | 7267 | 7290 | 11.2 | 15.6 | 7.4% | 15.7% | 11.3% |
| ショーワ | 7274 | 2020 | 14.5 | 19.5 | 6.6% | 12.6% | 9.4% |
| HOYA | 7741 | 4730 | 27.6 | 57.7 | 23.2% | 28.4% | 13.6% |
| キャノン | 7751 | 7720 | 16.5 | 23.0 | 13.7% | 15.9% | 11.4% |
| リコー | 7752 | 2310 | 17.7 | 22.3 | 7.2% | 10.3% | 8.2% |

| | | | | | | | |
|---|---|---|---|---|---|---|---|
| ﾌｼﾞｼｰﾙ | 7864 | 3450 | 21.8 | 27.5 | 8.7% | 11.3% | 8.9% |
| ｱｰｸ | 7873 | 3830 | 34.7 | 105.6 | 7.6% | 9.2% | 3.0% |
| 日写印刷 | 7915 | 4060 | 22.0 | 48.8 | 9.8% | 13.5% | 6.1% |
| ｾｺﾑ | 9735 | 5980 | 26.9 | 41.4 | 13.2% | 10.5% | 6.8% |
| ﾆﾄﾘ | 9843 | 5670 | 29.7 | 51.2 | 10.3% | 15.7% | 9.1% |
| ｻﾝﾄﾞﾗｯｸﾞ | 9989 | 3090 | 28.0 | 44.4 | 7.3% | 17.0% | 10.7% |
| ﾍﾞﾙｰﾅ | 9997 | 2685 | 20.5 | 23.1 | 10.1% | 12.2% | 10.8% |

# 第3の扉

## 適正値を計算し、買い時を知る

## 第1章
# 適正値を求めて買う前の心得

◆本章のポイント
効率的な投資をするには、適正値を知っただけでは不十分。企業は常に変化しているので、買い時を知ることも大事

### 1　なかなか上がりそうもない銘柄はすぐには手を出さない

　優良な銘柄の選定方法については第2部で述べてきましたが、期待に適った銘柄は見つかりましたか。
　銘柄が見つかったら適正値を計算してすぐに買いたいと思うところでしょう。でも、その前にまず考えておかなければならないことがあります。それは、買い時（＆売り時）です。
　例えば、適正値に近い良い銘柄を見つけて買ったとします。でもその後、ほかの銘柄が上がっているのに、自分が買った銘柄だけがいつまでたっても上がらなかったら、どうでしょう。あまり気持ちの良いものではありませんね。
　適正値を知っているだけでは不十分である理由がそこにあります。投資効率を高めるうえで大切なのは、"適正値を知ること＋買い時（や売り時）を知ること"なのです。
　買い時のもっとも大事なポイントは**「今期予想利益が増益になっているか」**です。今期の決算予想がどうなっているかを調べることが、今後の株の上がり具合を予想するためには欠かせないのです。
　さらに、参考知識として以下の2点も見ておくと、「せっかく買った

のに、いつまでたっても上がらない」というストレスを回避できるでしょう。

● 信用買い残が多い銘柄は、上がるまでに時間がかかる
● 異常な高値のあと下げている銘柄は、上がるまでに時間がかかる

　この2つの留意点には、「高値で購入した人たちが、少しでも上がれば売りたいと待ち構えている」という共通点があります。株価が上がってきたところで早く売りたい人たちが集まっているということは、株価が上がってきてもすぐに売られてしまう——これを"戻り売り"あるいは"ヤレヤレ売り"と言います——ことを意味します。結局、「上がっては下がり」の繰り返しになってしまうわけですから、株価が上昇するまでには長時間を要することになるのです。もうおわかりですね。この2点に該当するような銘柄は、効率的な投資をするうえではしばらく見送ったほうが賢いというわけです。


## 2　私の作戦——置き網方式で優良銘柄が掛かるのをひたすら待つ

　私は、買ってはみたものの、いつまでたっても上昇しない、それどころか下げてしまうような銘柄は、絶対に避けるようにしています。そのために「置き網作戦」を好んで採用しています。
　「置き網作戦」とは、収益性の高い成長銘柄を、人気が離散したときに仕込む方法です。過去の業績から、よほどのことがない限りこれを大きく下回ることはないだろう、あるいはたとえ下回ってもこの値段にまず間違いなく戻ってくるだろうという適正値で買うわけです。
　具体的には、前もって抽出しておいた候補銘柄の適正値をあらかじめ計算して、エクセルで保存しておきます。そして、適正値に届く範囲に株価が下落してきたら、適正値近辺で指値をしておくのです。このようにしておけば一瞬のチャンスを逃すこともありません。

株価はほとんどの場合一進一退を繰り返していますので、日々調べる必要もありません。忙しいサラリーマンの方にもお勧めの投資法です。
　私の場合、大体１ヶ月から３ヶ月に１度程度の割合で、特に何か事件があって大きく下げたりしたときなどに株価を調べて、仕掛けておいた網にどんな魚がかかっているかを見ます。相場が大きく崩れているときなどは、思いもかけない高級マグロがかかっていたり、活きのよいタイがかかっていたりします。市場の物色から外れた優良銘柄が、思いがけない割安な値をつけていることもあります。
　これらの作業は手計算でもできないことはありませんが、できればパソコンの表計算ソフトを使うといいでしょう。一瞬に出てくるので便利です。

## 3　適正ＰＥＲの範囲は個々のリスク許容度で決める

　ただ２００６年現在、日本株は景気回復の兆しが見えてきて、株価もかなり高い水準にきていますから、適正ＰＥＲ１５倍以下の成長銘柄が網にかかりにくくなっています。それでも、まったく"ない"わけではありません。根気よく待つもよし、今物色の圏外にある景気変動株を狙うもよし、それぞれの投資スタイルとリスク許容範囲内で適正ＰＥＲをもう少し上げていってもよいと思います。
　ただし、再度念を押しておきますが、適正値を出すときには、過去４年間（景気変動株は８年間）の連結純利益の平均値を使ってください。あとで詳しく説明するように、ＰＥＲを前年度の連結純利益など「単年度」で計算すると、急に業績が頭打ちになって成長にストップがかかった場合とか、実は景気変動株だったりした場合に、高値掴みをしてしまう恐れがあります。

＊成長株を単年度利益で計算したＰＥＲをベースに投資をしていると、

儲かる確率も高くなりますが、損をする確率も高くなりギャンブル的な投資となってしまいます。さらに会社が四半期決算などを発表するたびに一喜一憂することにもなるでしょう。大きな儲けを手にする前に株を売却してしまう恐れもあります。

＊景気変動株の場合、今年度予想連結純利益が前年度より大きく減ったり、あるいは下方修正があったりした場合には、注意が必要です。その場合今年度予想利益で計算して、株価がＰＥＲ１５倍以下の水準に下がるまで投資を控えるのが賢明です。詳しくは後述の具体例を確認してください。

## 4　買うときには資金配分も考える

銘柄選定時にも申し上げましたが、銘柄の業種を分散させることが大事です。例えば、これから買おうとするとき、できるだけ同じ業種の銘柄ばかりを選ばないようにすることですね。そして、その中で「コレは！」と思う銘柄には投資配分を厚めにするとよいと思います。なお、過去数年のデータをとるには以下の資料を参考にしてください。

●過去数冊の会社四季報
●ダイヤモンド社の"株データブック（全銘柄版）"
●投資レーダーの"チャートブック月足集"

## 第2章
# 成長株について（適正値を求めてから買うまで）

◆本章のポイント
◎以下の流れを覚えておくこと
　①収益面からの適正値を出すこと
　②資産面から適正値を出すこと
　③収益面からの適正値と資産面からの適正値を比較し、高いほうを使うこと
　④今期予想利益を確認すること
◎「成長株は予定通りの成長率で成長すれば、その適正値（企業価値）も同率で高まっていく」と覚えておくこと

　本章では、成長株について、「実際に適正値を求め、買うまでの流れ」を中心に説明していきます。この流れをしっかりと頭の中にたたき込んでください。

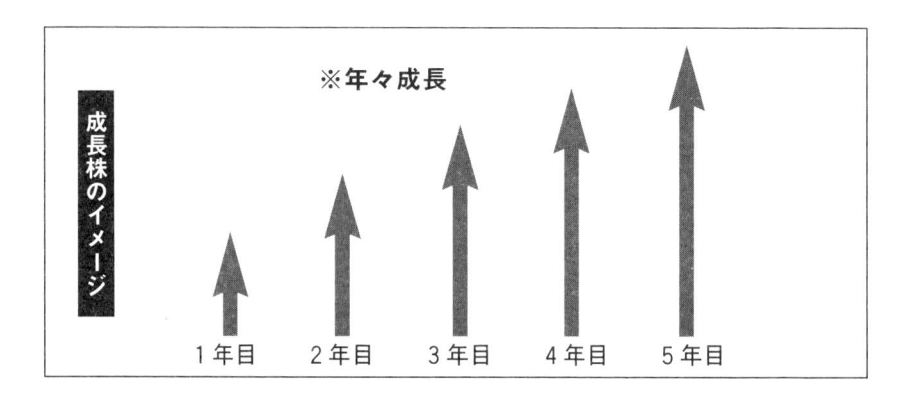

※年々成長

成長株のイメージ

1年目　2年目　3年目　4年目　5年目

### 第1節　適正値を求め、今が買い時かどうかを知るための流れ

　効率的な投資をするには適正値を知るだけでは不十分なことは前章でお話ししました。ここでは、適正値を計算して今が買い時かをチェックする手順について、まずお話しします。簡単に言うと、手順は以下のようになります。

**① 収益面から適正値をチェック（68～71ページ参照）**

適正値＝ │4年間のＥＰＳ（1株純利益）の合計÷4│ ×適正ＰＥＲ（15倍）

**② 資産面から適正値をチェック（72～75ページ以降参照）**

10年後のＢＰＳ（1株純資産）
＝現在のＢＰＳ＋│4年間のＥＰＳ（1株純利益）の合計÷4│×10年

適正値＝10年後のＢＰＳ（最低株価）÷1.4（※）

※1.4で割る理由は、最低でも10年間で4割の利益を確保するためです。1.0なら元本確保、1.1なら1割の利益となるわけです。現実には10年間も待つことはありませんが、万一成長が止まり、景気変動株に変わってしまった場合でも、資産の増加によって儲けが確保できる道を残しておこうというものです。それぞれのリスク許容度にあわせて計算してください。

**③ 収益面からの適正値と資産面からの適正値を比較（77ページ参照）**
　高いほうの数字が適正値となります。

**④ 今が買い時かを知る（78ページ参照）**
　今期予想利益が、前期の利益と比べ増益なら買い時です。ただし、減益予想となっても、一時的な原因によるものならＧＯしても構わないでしょう。株価がある程度下がって落ち着いた時点が買い時となります。

## 第2節　収益面から適正値をチェック（詳説編）

### 1　成長株は偉大

まず、ある成長株の業績の例を見てみましょう（図表1）。

◆図表1　（A社の連結決算）

| | EPS（1株純利益） | 1株純利益伸び率 | BPS（1株純資産） |
|---|---|---|---|
| 今年度予想1株純利益 | 100円 | | |
| 前年度1株純利益 | 80円 | 14.2％ | 660円 |
| 2年前1株純利益 | 70円 | 16.6％ | 580円 |
| 3年前1株純利益 | 60円 | 20％ | 510円 |
| 4年前1株純利益 | 50円 | 25％ | 450円 |
| 5年前1株純利益 | 40円 | | 400円 |

　見ればわかるように、5年前に40円だった1株純利益が、前年度には80円と2倍になっています。ここで、この会社の純利益の伸び率の平均を計算してみましょう。

（14.2＋16.6＋20＋25）％ ÷ 4 ＝ 約18.9％

　結果は、年平均18.9％になりました。今後もこの調子で成長すると仮定すると、別表（図表2）からもわかるように、5年後の1株純利益は約2.3倍の189.7円となります。つまり過去の実績がしっかりしていれば、よほどのことがない限り、将来もしっかりと推移すると思われます。

◆図表2

|  | EPS（1株純利益） | 1株純利益伸び率 |
|---|---|---|
| 今年度1株純利益 | 95.1円 | 18.9％ |
| 2年後1株純利益 | 113.0円 | 18.9％ |
| 3年後1株純利益 | 134.3円 | 18.9％ |
| 4年後1株純利益 | 159.6円 | 18.9％ |
| 5年後1株純利益 | 189.7円 |  |

　ちなみに、この会社の5年後の株価を計算すると、図表3を見るとわかるように、単純に現在の水準から見ても、倍以上になります。適正値（975円：後で計算）で買えればなおさらよいわけですね。

◆図表3

（現在の株価）　　　80円　x　PER15　＝　1200円
（5年後の株価）　189.7円　x　PER15　＝　2845円


【参考事例：ダイキン工業】
　成長株の代表ともいえる具体例を挙げてみます。ダイキンの8年間の業績と1株純資産の推移です。

会社名：　ダイキン工業（6367）

|  | 売上（億円） | 純利益（億円） | 1株純利益（円） | 1株純資産（円） |
|---|---|---|---|---|
| 1997.3月 | 4526 | 66 | 25.2 | 542 |
| 1998.3月 | 4625 | 54 | 20.7 | 551 |
| 1999.3月 | 4643 | 61 | 23.5 | 565 |

| | | | | |
|---|---|---|---|---|
| 2000.3月 | 4630 | 104 | 39.6 | 605 |
| 2001.3月 | 5319 | 199 | 75.6 | 660 |
| 2002.3月 | 5387 | 179 | 68.0 | 725 |
| 2003.3月 | 5724 | 215 | 81.5 | 778 |
| 2004.3月 | 6257 | 286 | 108.2 | 895 |
| 2005.3月 | 7288 | 387 | 146.8 | 1041 |

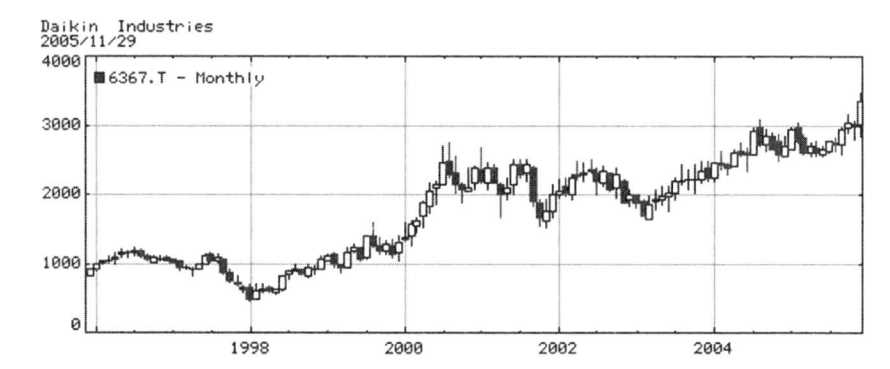

出典：ヤフーファイナンス

## 2　過去4年間の平均利益をもとに適正値を計算する理由

　結論から言いますと、今はどんなに業績が良くても、先のことは誰にもわからない、ということです。いつ市場が飽和状態になったり、新規参入者が多くなって競争激化の波にさらされないとも限らないのです。
　そこで私は、適正値を計算するときには複数年の平均値を使うことにしています。

平均値を使うメリットには、以下の3点があります。

◎高値掴みをしなくなる
◎万一株価が買値を下回っても、比較的短期で回復する
◎純利益に含まれる土地・株式売却損益など一時的な損益が平均化される

　成長株の場合は、景気変動の影響をあまり受けませんし、会社の規模や事業規模自体も年々大きくなっていきますので、あまり古い業績データで評価すると実態とかけ離れてしまいます。そこで私は、過去4年間の平均値をもとに適正株価を算出しているのです。


### 3　収益面からの適正値を出してみましょう

成長株の適正値を計る計算式にA社の数字を当てはめてみると、975円が適正値となります。

適正値＝ $\boxed{4年間のEPS(1株純利益)の合計÷4}$ ×適正PER(15倍)
　　　＝ $\boxed{(80＋70＋60＋50)円÷4年}$ ×適正PER15倍
　　　＝975円（適正値）

## 第3節　資産面から適正値をチェック（詳説編）

### 1　万が一に備えるために

　ここでは、資産面からの適正値について説明していきます。資産面を考慮する理由は「万が一に備えて」です。
　もし収益面で多少の不安があっても、資産がしっかりとしていれば、万一の場合にも立て直しが可能ですし、すぐに行き詰まったりすることはないわけです。
　そして、忘れてはならないことに、市場はその資産に対しても、この企業を評価するわけです。
　収益性が高い成長株の場合は、本業が好調なわけですから、このような事態に陥ることはあまりありません。しかし、成長が途中で止まり、景気変動株に変わってしまうケースがあります。
　このようなケースに備えるためには、成長株といえども資産面のチェックが欠かせないということになります。
　どういうことなのか順に説明していきましょう。

#### ①1株純資産（BPS）は投資の安全性を見る大事な数値
　まずは資産価値面から株価を評価してみましょう。具体的には株価が1株当たりの純資産（BPS）の何倍になっているかを見ます。これは株価純資産倍率（PBR）と言われ、次の式で表されます。

株価純資産倍率（PBR）＝株価÷1株当たりの純資産（BPS）
　（注）連結決算の会社は連結ベースのPBR、BPSになります

　1株当たりの純資産は会社の解散価値と言われていて、通常株価がこの値を割り込んで下げることはめったにありません。つまり、1株

純資産と株価が同じであれば、ＰＢＲは１倍となりますね。この１倍という数値が、株価の割安度を見るうえで大事な数値となりますので覚えておきましょう。
　１倍を割ることはめったにないのですから、この１株純資産は最低株価とも言えるわけです。もしこの値、あるいはこれより安く買うことができれば、とても魅力的な投資と言えますね。でもそんなチャンスはなかなか巡ってきません。まして優良銘柄となればなおさらです。ではどうすればより魅力的な投資ができるのでしょう。


② **「割安＝安全」ではない**
　もしあなたが今期予想ＰＥＲが１０倍の銘柄があって、とても割安に思えたのでＡ株を買ったとします。ところが、割安だから安全と思ったら大間違いです。突然会社が大幅減益予想を発表したらどうなるでしょう。何も問題がなく相場が上昇しているときはよいのですが、もし大地震が起きて一時的に経済がマヒしたり、どこかで戦争が起きて世界経済が先行き不安定になったり、あるいはライブドア事件のような不正発覚などが起きたらどうなるでしょう。
　そうなると株価は、最終的にＢＰＳ値近辺まで下がる可能性も出てくるのです。
　具体的に言うと、ＰＢＲ３倍の銘柄の株価は３分の１になり、ＰＢＲ４倍の銘柄は４分の１になる可能性が出てきます。
　せっかくＰＥＲから見て割安だと思って買ったのに、株価はどんどん下がっていきます。頭にきますよね。ですから申し上げたいのです。**「ＰＥＲだけを見ていると危険。常にＰＢＲ（連結ベース）も見ておく必要がある」**と。
　ただし、２倍程度のＰＢＲの場合、その会社の利益率（ＲＯＥ）の大小によって、将来のＢＰＳの額に差が出てきますので、現在の株価が高いか安いかの判断は難しくなります。一方４倍、５倍というＰＢＲの場合は明らかにその株価は割高だと言えます。

このように、「万が一」が起きたときには、きちんとPBRに注意して買った人とそれを無視した人との間に大きな差が出てしまいます。一旦、株価が大幅に下がると少し反発してもヤレヤレの売りが出て、以前の株価に戻るまでかなり時間がかかります。せっかくの資金を塩漬けにしてしまいかねないのです。
　最近の上昇相場で３０００万円稼いだとか１億円稼いだとか言って有頂天になっている人もいますが、下げ相場でそれまでの儲けをすべて失ってしまっては何にもなりません。まして、信用取引など借金をして投資をしている人は、借金のみが残ってしまうことさえ考えられます。
　相場で勝ち続けるには"下げ相場にあっても損をしない"ことが絶対条件と言っても過言ではありません。


## 2　資産面から成長株の適正値を計算

　前置きが長くなりました。ここからが本題です。まず１０年後のBPS（１株純資産）の予想をするところから始めましょう。
　もっとも簡単でかつ大きく外れることが少ないと思われるのが、今まで何度も申し上げてきた過去の複数年の平均値を使う方法です。"実績がものを言う"というわけです。式は次のようになります。

①１０年後のBPS（１株純資産）
＝現在のBPS＋ ４年間のEPS（１株純利益）の合計÷４ ×１０年
②適正値＝１０年後のBPS÷1.4

　最初の計算式（①）について見てみましょう。もし１０年後の会社の純資産額、株主から見ると「１０年後のBPS（１株当たりの純資産）＝最低株価」がわかれば、持ち株から将来手にする最低の利益が

計算できるということになります。
　別の言い方をすると、この「１０年後のＢＰＳ＝最低株価」より安い値段で株を買っておけば、魅力的な投資となるわけです。
　その後、株価が下がって長期間塩漬けになっても、最悪１０年待てば元本以上のものが戻ってくるということにもなります。

１０年後のＢＰＳ（１株純資産＝最低株価）
＝現在のＢＰＳ＋（過去４年間の平均ＥＰＳ×１０年）

１０年後に手にする最低の株式売却益
＝１０年後のＢＰＳ（最低株価）－持ち株の買値

ということですね。
　ここで目安にするのが、万一のことが起きた場合、最低でもいくらの利益がほしいかということです。これによって、買値の適正値も違ってきます。
　私は１０年保有したと仮定したとき、最低でも４割の利益が得られればよいと思いますので、私の適正値は上記の式を１．４で割った数字を適正値としています。
**※１０年というのは私の目安ですから、個々のリスクとリターンの兼ね合いで計算すればよいと思います。**

### 重要コラム
### 魅力的な投資法とは

　モー流のＰＢＲ１倍（１株純資産＝最低株価）以下の値段で買う魅力的な投資法というのは、例えば１０年後のＢＰＳを過去の連結純利益の平均値で割り出し、その価格より安く買うということなのです。そうすれば将来の最低株価よりも安く買えて魅力的と言えるわけです。

１０年というのは私の基準ですので、それぞれ５年なり８年なりで計算されればよいと思います。また、これは成長が途中で止まった場合を想定したうえでの計算になっていますが、成長株は毎年利益を増やし、１株純資産も増やしてくれるわけですから、予定通り成長すれば、実際の純資産の増え方はもっともっと大きなものとなります。

## 3　資産面からの適正値を出してみましょう

　資産面から成長株の適正値を計る計算式にＡ社の数字を当てはめてみると、以下のように９３５円が適正値となります。

①１０年後のＢＰＳ（１株純資産）
　＝現在のＢＰＳ＋ ４年間のＥＰＳ（１株純利益）の合計÷４ ×１０年
　＝６６０円＋｛（８０＋７０＋６０＋５０）円÷４年｝×１０年
　＝１３１０円

②適正値＝１０年後のＢＰＳ÷１．４
　＝１３１０円÷１．４＝９３５円（適正値）

### 第4節　収益面の適正値と資産面の適正値を比較

　収益面の適正値と資産面の適正値がわかったら、どちらが高いかを比べます。A社の場合の適正値は以下の通りでした。

◎**収益面から導き出した適正値＝９７５円**
◎**資産面から導き出した適正値＝９３５円**

　市場は価値の高いほうを評価しますので、このA社の適正値は「９７５円」になります。

## 第5節　適正値が出たら、次に買い時を見てみましょう

　企業は成長を続けていても、いつ成長が止まるかわかりません。利益の下方修正があった場合は特に要注意です。
　基本的に、今期予想利益が、前期の利益と比べて増益なら買い時です。ただし、減益予想となっても、一時的な原因によるものなら、株価がある程度下がって落ち着いた時点が買い時となります。会社が発表する決算短信などで、減益の原因が継続的なものか一時的なものか調べてください。
　さて、収益面からの検討で、順調に成長が続いたと仮定するとＡ社の予想株価は以下のとおりでした。

（５年後の株価）　１８９．７円　×　ＰＥＲ１５　＝　２８４５円

　適正値は９７５円でしたから、株価は３倍近くになっています。すごいですね。
　そして万一の場合の資産面からの検討では以下のとおりでした。

１０年後のＢＰＳ（＝最低株価）
＝現在のＢＰＳ＋（過去４年間の平均ＥＰＳ×１０年）
＝６６０円＋｛（８０＋７０＋６０＋５０）円　÷４年｝×１０年
＝１３１０円

　つまり、今期も増益予想で成長が見込めるなら、９７５円ですぐにでも買ってよいということになります。予想通り成長すれば、５年後には２８４５円になっています。そして万一途中で成長が止まっても、１０年待てば最低でも１３１０円になっているということです。銘柄選びと買い時さえきちんと守っていれば、あとは寝ていても資産は増えていくのです。
　これが本当に安心できる事業投資というものではないでしょうか。

### 参考事例

　成長株の買い時の具体例として２００６年３月末時点でのホンダを例にとってみます。

**ホンダの例**

０６年３月２８日現在の株価　７２９０円

|  | ＥＰＳ（連結ベース） |
|---|---|
| ０２年３月 | ３７２．２円 |
| ０３年３月 | ４３９．４円 |
| ０４年３月 | ４８６．９円 |
| ０５年３月 | ５２０．７円 |
| ０６年３月（予想） | ６５１．６円 |

４年間平均連結ＥＰＳ　　４５４．８円

連結ＢＰＳ（１株純資産）

（０５年１２月末現在）　４１６３円

①収益面からの適正値

　　　　４５４．８　円　×　ＰＥＲ１５　＝　６８２２円

　　　　　　　　　　　　　　（適正ＰＥＲを１５倍とした場合）

　　　　４５４．８　円　×　ＰＥＲ２０　＝　９０９６円

　　　　　　　　　　　　　　（適正ＰＥＲを２０倍とした場合）

②資産面からの適正値

連結ＢＰＳ　４１６３　円＋４５４．８円×１０年＝　８７１１円

　　　８７１１　円　÷　１．４　＝　６２２２円

③適正値：　６８２２　円（適正ＰＥＲを１５倍とした場合）

　　　　　　９０９６　円（適正ＰＥＲを２０倍とした場合）

④今買い時か

　適正ＰＥＲを２０倍とした場合、増益予想のため絶好の買い時である。私なら躊躇せずに買います。

※期間中、株式分割や増資などで発行済み株数などに増減がない場合は、上記計算式でＯＫですが、正式には第４部の表で計算してください。計算結果が大幅に狂って来る可能性があるためです。ちなみに、ホンダは２００６年６月末に株式２分割を実施しますので、ＢＰＳは２分の１になり、株式数は２倍になります。株価も６月末時点の半額程度になります。

# 第3章
# 景気変動株について

◆本章のポイント
◎成長株と違い、景気変動株は適正値（企業価値）が年々大きく上がるというものではないことを覚えておくこと
◎好景気などによって一時的に大幅増益を達成したときの株高狙い、あるいは適正値よりも割安値で買って利ざやを稼ぐなどが景気変動株で利益を出すひとつの方法
◎基本的な流れは成長株と同じ
　①収益面からの適正値を出すこと
　②資産面から適正値を出すこと
　③収益面からの適正値と資産面からの適正値を比較し、高いほうを使うこと
　④今期予想利益を確認すること

　本章では、景気変動株について、「実際に適正値を求め、買うまでの流れ」を中心に説明していきます。成長株と同様、流れをしっかりと頭の中にたたき込んでください。

## 第1節　適正値を求め、今が買い時かどうかを知るための流れ

　ここでは、景気変動株における適正値を計算して、今が買い時かをチェックする手順について、まずお話しします。簡単に言うと、手順は以下のようになります。

①収益面から適正値をチェック（**83～86ページ以降参照**）

適正値＝ 8年間のEPS（1株純利益）の合計÷8 ×適正PER（15倍）

②資産面から適正値をチェック（**87ページ参照**）

10年後のBPS（1株純資産）
＝ 現在のBPS＋ 8年間のEPS（1株純利益）の合計÷8 ×10年

適正値＝10年後のBPS÷1.4（※）

※1.4で割る理由は成長株のところで述べたものと同じです。

③収益面からの適正値と資産面からの適正値を比較（**88ページ参照**）
　数字の高いほうが適正値となります。

④今、買い時かを知る（**89ページ参照**）
　今期予想利益が前期の利益と比べ増益なら買い時ですが、減益だったり、下方修正があった場合は要注意です。特に景気変動株は株価が上昇していても、いつまた低迷期に入るかわかりませんから。詳しくは本文で説明します。

## 第2節　収益面から適正値をチェック（詳説編）

### 1　景気変動株は"迅速"に

①サイクルの波をうまく利用する

　景気変動株（一般的にいわれている「景気循環株」よりも対象範囲が広くなりますが）は、景気の動向に影響を受けやすい株のことでした。これらの株は、景気が停滞している間は動きが乏しいので、値上がりするまでに時間がかかる場合が多いようです。また、いったん景気回復とともに株価が上がっても、また景気落ち込みの兆しが見えたりすると、利益も株価も元のレベルに落ちてしまうケースが多くなります。

　これらの銘柄は、あくまで適正値にある成長株が見つからないときのピンチヒッターと言えます。

　業種でみると、非鉄・鉄鋼・紙・化学などに多く見かけられます。自動車株は従来「景気循環株」であると言われていましたが、最近のトヨタ、ホンダあたりが、高い技術力をベースに世界展開を加速しているところを見ると、今や成長株と言えるのではないでしょうか。

②買うときにルールを作る。"ある程度利益が出たら必ず売る"

　では、景気変動株が適正値にあるということはどういうことでしょうか。

　そうです。物色の圏外にあるということです。その場合、適正値で買えても、利益が出るまでに時間がかかることを念頭においておかなければなりません。そして成長株と違うところは、会社の利益が複利で増えていくと思って放っておいてはいけないということです。うまくすれば短期で大きな利益が得られるかもしれませんが、すぐ景気（業績）の波によって株価は元の水準に戻ってしまいます。

　"ある程度利益が出たら必ず売る"。これが、景気変動株で運用するときの鉄則です。覚えておいてください。

## 2 過去8年間の平均利益を基に適正値を計算する理由

①単年度利益で計算したPERには大きな落とし穴がある
まずは、下の表を見てください。

**（景気変動株B社の連結決算）**

|  | EPS（1株純利益） | BPS（1株純資産） |
|---|---|---|
| 今年度予想1株純利益 | １００円 |  |
| 前年度1株純利益 | ８０円 | ６５０円 |
| 2年前1株純利益 | ５０円 | ５７０円 |
| 3年前1株純利益 | ４０円 | ５２０円 |
| 4年前1株純利益 | ６０円 | ４８０円 |
| 5年前1株純利益 | ７０円 | ４２０円 |
| 6年前1株純利益 | ８０円 | ３５０円 |
| 7年前1株純利益 | ６０円 | ２７０円 |
| 8年前1株純利益 | ４０円 | ２１０円 |

※注意
期間中に株式分割を実施した銘柄は、1株利益、1株純資産の数字を調整する必要がある。

さて、仮に、この会社の株価が現在１０００円とした場合、この株価が割高なのか割安なのかを単年度利益を使って計算してみましょう。
　まず前年度実績で計算すると「前年度実績８０円×適正ＰＥＲ１５倍＝１２００円」となり、現在の株価１０００円は割安に見えます。
　同じように今年度予想の１００円を使って計算してみましょう。「今年度予想１００円×適正ＰＥＲ１５倍＝１５００円」となって現在の株価１０００円はますます割安に見えますね。

では、その後景気が鈍化しはじめ、この会社の利益は５０円に減ってしまったとして計算してみましょう。「今期の最終的利益５０円×適正ＰＥＲ１５倍＝７５０円」となり、現在の株価１０００円は割高になってしまいました。
　つまり景気変動株の場合、利益が景気などの影響を受けてブレが大きいのです。こういう株を単年度利益で計算したら大やけどをする可能性が高いわけです。


### 参考事例：景気変動株の利益と株価の動き

会社名：日立粉末冶金（５９４４）
　２００２年３月期の１株純利益が６１．６円になるとの増益予想がなされ、成長株に変身したとも言われて一時的に株価は１４００円を超えましたが、結果は期待はずれで株価は元の木阿弥となりました。

◆２０００年５月時点のＥＰＳ（１株純利益）の実績と予想

| | |
|---|---|
| １９９９年３月実績 | ３２．３円 |
| ２０００年３月実績 | ４４．４円 |
| ２００１年３月予想 | ４６．２円 |
| ２００２年３月予想 | ６１．６円 |

◆その後のＥＰＳの推移

| | |
|---|---|
| ２００１年３月実績 | ４０．１円 |
| ２００２年３月実績 | ３０．９円 |
| ２００３年３月実績 | ２４．９円 |
| ２００４年３月実績 | ３６．８円 |
| ２００５年３月実績 | ５５．９円 |

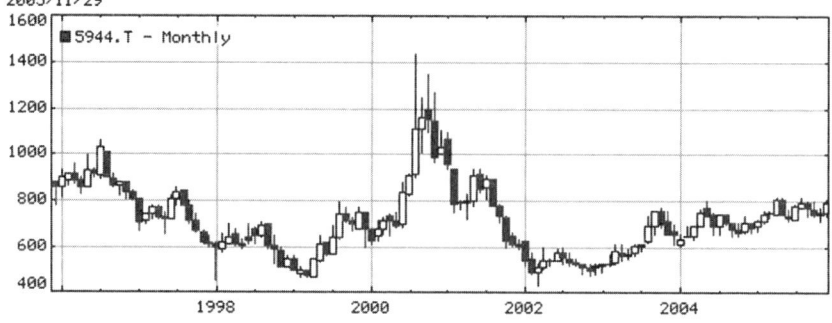

Hitachi Powdered Metals
2005/11/29

②"8年"がキーワード

　単年度利益で計算すると危険であるならば、いったいどうすればいいのでしょうか。

　私が考え出したのは「8年間の平均利益」を使う方法です。

　景気変動株は、その名の通り景気の影響を少なからず受けます。最近の鉱工業生産指数の景気循環の期間が3～7年です。そこで、その1サイクルをカバーできるように慎重を期して「8年」を使っているわけです。

③収益面からの適正値を出してみましょう

　景気変動株の適正値を計る計算式にB社の数字を当てはめると、900円が適正値になります。

適正値＝ 8年間のＥＰＳ（1株純利益）の合計÷8 ×適正ＰＥＲ（15倍）
＝｛（80＋50＋40＋60＋70＋80＋60＋40）円÷8年｝×適正ＰＥＲ（15倍）＝900円（適正値）

第3節　資産面から適正値をチェック（詳説編）

## 1　資産面から景気変動株の適正値を計算

　まず、成長株の時と同じように、万が一に備えて、今後10年間の連結純利益の数字の予想をするところから始めましょう。
　ここでも、過去の複数年の平均値を使います。成長株の場合は4年でしたが、景気変動株では8年を使います。繰り返しになりますが、計算式は以下の通りになります。

①10年後のBPS（1株純資産）
＝現在のBPS＋ | 8年間のEPS（1株純利益）の合計÷8 | ×10年
②適正値＝10年後のBPS÷　1.4


## 2　資産面からの適正値を出してみましょう

　資産面から景気変動株の適正値を計る計算式にB社の数字を当てはめてみると、893円が適正値となります。

①10年後のBPS（1株純資産）
＝現在のBPS＋ | 8年間のEPS（1株純利益）の合計÷8 | ×10年
＝650円＋{（80＋50＋40＋60＋70＋80＋60＋40）円÷8年}×10年＝1250円
②適正値＝10年後のBPS÷1.4※
　　＝1250円÷1.4＝893円（適正値）

※成長株のところでも話したように、10年持ち続けたとして、最低でも4割の利益が得られるということです。

## 第4節　収益面の適正値と資産面の適正値を比較

　収益面の適正値と資産面の適正値がわかったら、どちらが高いかを比べます。Ｂ社の場合の適正値は以下の通りでした。

◎収益面から導き出した適正値＝９００円
◎資産面から導き出した適正値＝８９３円

　高いほうが適正値になりますので、このＢ社の適正値は「９００円」になります。つまり、この会社への投資は株価が９００円以下ということになります。そうすれば、万一含み損が一時的に出ても、あまり心配する必要はなく、保有し続けていれば株価は戻ってきて利益を得られるということです。

### 第5節　適正値が出たら、次に買い時を見てみましょう

　今期減益予想の場合に「ＧＯ」しないのは言うまでもありません。気をつけなければいけないのは、業績予想の下方修正があった場合です。景気変動株の場合には、今後さらに減益が続く可能性があるからです。
　例えば、Ｂ社が今年度予想１株利益を１００円から５０円に引き下げたときは、

今年度予想１株利益５０円×ＰＥＲ１５＝７５０円

となり、収益面、資産面から計算した適正値より大幅に安くなることがあります。
　つまり、今年度予想１株利益を１００円から５０円に引下げられたときは、９００円を適正値とすると、今年度利益から計算したＰＥＲは１８倍になってしまいます。ですから、この場合、効率的な投資をするためには７５０円（適正ＰＥＲ１５倍）以下になるまで待ったほうがよいということになります。
　ただ、あまり条件ばかり気にしていると、投資感覚も鈍ってきますし、投資意欲も失せてしまいますので、最終的には個々の許容リスクと投資スタイルに合わせて実行していただければよいと思います。

## 参考事例

**大正製薬の例**

０６年３月２８日現在の株価　２３４５円

　　　　　　　　　ＥＰＳ（連結ベース）
９８年　　　　　　　９６．０円
９９年　　　　　　　８５．６円
００年　　　　　　１４７．３円
０１年　　　　　　　９１．４円
０２年　　　　　　１０９．７円
０３年　　　　　　１０５．８円
０４年　　　　　　１２７．９円
０５年　　　　　　１１４．２円
０６年（予想）　　１０６．１円

８年間平均連結ＥＰＳ　　１０９．７円

連結ＢＰＳ（１株純資産）

（０５年１２月末現在）　１７８４円

①収益面からの適正値

　　１０９．７円　×　ＰＥＲ１５　＝　**１６４５**円

②資産面からの適正値

連結ＢＰＳ **１７８４**円　＋　**１０９．７**円　×　１０年＝　**２８８１**円

　　　**２８８１**円　÷　１．４　＝　**２０５８**円

③適正値：**２０５８**円

④今買い時か

　約7％の減益予想であることと株価が適正値より14％高いことから、もう少し安くなったところで投資したいと考えます。

※期間中、株式分割や増資などで発行済み株数などに増減がない場合は、上記計算式でOKですが、正式には第4部の表で計算してください。計算結果が大幅に狂ってくる可能性があるためです。

---

**重要コラム**
**過去のBPSの推移から会社の姿勢を見抜く**

　純利益から配当金を差し引いた額が、毎年BPSに加算されているか調べてみると、いろいろなことがわかってきます。この時株式分割も考慮して数値を調整する必要があります。利益に比べてBPSの増え方が少ない場合、本業以外で無駄にお金を使っているなど経営力に問題があるのではないかといった疑問が出てきます。

　高すぎる値で自社株買いをしているとか、BPSより安い値で公募増資をしているとか、せっかくの儲けを無駄に使ってしまっているような事実が見えてきます。

　花王は、優良会社であることはあらためて言うまでもありませんが、これまでは新規投資先も少なかったため、利益の多くを配当金で株主に還元したり、高値で自社株買いをしたりしていたのでなかなかBPSが増えませんでした。

**重要コラム**
## BPSの数字をそのまま信じてはいけない

　BPSというのは企業価値の最低値であることはこれまでに述べてきた通りですが、少しばかり注意すべきことがあります。それは自己資本には有価証券の含み益などが含まれている点です。

　貸借対照表の固定資産に計上されている長期保有の上場株式などは、株価によってその含み益が資本の部に有価証券評価差額金として計上されます。この有価証券評価差額金が自己資本に比べて大きい企業は、このぶんを調整しておく必要があります。

　また、土地の簿価が自己資本に比べて大きい企業の場合、土地などの含み損があると、将来減損処理でその分自己資本が減額されることも考えられます。ですから、大ざっぱな取得単価を有価証券報告書（単独決算）で調べておく必要があります。

# 第4の扉

## 売り時のコツをマスターする

## 第1章
# 売りのタイミングを知る

◆本章のポイント
◎損切りとは単に損をすることだと覚えておくこと
◎正しく銘柄を選択し、適正値で投資していれば、「損切り」という言葉と無縁になれると覚えておくこと

## 1 損切りとは単に損をすること

"株式投資でもっとも大事なことは損切りができること"とよく言われます。しかし、私は"損切りをする"ことは"大事なこと"でも何でもなく、「単に損をする」ことだと思っています。極端に言えば、先に説明した"銘柄選定と適正値で買う"という方法を実行しているかぎり、損切りという事態に陥ることはまずありません。

ところが、何となく株を買っている人たちにとっては"損切りは大事な行為"と言えるのでしょう。例えば、以下のようなケースでは、損切りをしないとより大きな損失を抱える結果になる場合があります。こういうケースに遭われている方は、最悪の場合、損切りも考えて適正値投資に切り替えたほうがよいかもしれません。

① 高値を追い続ける投資法をしている場合。デイトレーダーのように出来高や材料だけで株を購入している場合には損切りは重要。上昇カーブが急であればあるほど、下落し始めたら思いがけないほど下がるため。
② その銘柄の将来性や適正値を調べることなくチャートに妙味がある

とか、買いシグナルが出たとか、アナリストが推奨したとかの安易な理由で購入した場合。

## 2　買ったときに利益を出す

　私の投資法は、「優秀な業績を上げ続けている優等生企業を、世間の人が見向きもしなくなったときに安い価格で手に入れる。そして、その会社が世間の人から見直されて、株価が充分に高くなるまで待つ」という方法です。極端に言えば「売ったときに利益を出す」のではなく、「買ったときに利益を出す」（買う段階でほぼ確実な利益を見込む）わけで、損切りはまず頭にありませんし、よほどの事件でもない限りする必要もないと思います。"損切りが大事"という言葉が必要視される投資法に、私は疑問を感じます。

　以前、購入してから2～3年の間、買値の1～3割下の底を這い続ける地合いの悪いケースに遭遇したことがありますが、我慢して持ち続けた結果、大儲けした経験があります。世界のどこかで戦争が勃発しようと、政権が自民党から野党に移ろうと、「日本経済は危機的な状況に直面している」と著名なエコノミストが警告しようと、自分が投資した企業の業績に、継続的に大きな悪影響を及ぼす出来事でも起こらない限り、持ち株は売らずに放っておけばよいのです。

　"投資で損切りする人は金持ちになれない"、言い換えれば"損切りをしなければならないような投資法ではお金持ちにはなれない"ことを肝に銘じておくとよいと思います。

　常識をもって冷静に判断し、目先の波風に惑わされず、我慢強く待つことが資産形成には必要なのです。

## 第2章
# 収益性の高い成長株の売り時

◆本章のポイント
◎成長のシナリオが根本から崩れ、これまでの優秀な業績継続が困難になったら売る
◎もっと優秀な成長企業の株が売り叩かれて安くなったら売って乗り換える
◎株価が過熱し単年度連結（予想）ＰＥＲが３０～４０倍以上に跳ね上がったら一旦売る
◎連結ＰＢＲが５～６倍以上になったら一旦売る

## 1　成長株を売るときは成長性やＰＥＲをまずチェック

　ＲＯＥが高く、毎年増収・増益を達成している企業は年を経るごとにどんどん１株純利益が増え、１株純資産も増えていきます。
　例えば、ここに現在１株純利益が１００円のA社とB社があり、両社ともＰＥＲ１５倍で株価は１５００円と仮定しましょう。
　A社の利益成長率が年１５％でB社は５％とすると、もし５年後もＰＥＲが１５倍ならA社は１株純利益が２０１円で株価は３０１５円となります。これに対し、B社は１株純利益が１２８円で株価は１９２０円にしかなりません。１０年後はというと、やはりＰＥＲが１５倍ならA社は１株純利益が４０５円で株価は６０７５円となりますが、B社は１株純利益が１６３円で株価は２４４５円にしかなりません。

|   | 利益成長率 | １株純利益現在 | １株純利益５年後 | １株純利益１０年後 |
|---|---|---|---|---|
| Ａ社 | １５％ | １００円 | ２０１円 | ４０５円 |
| 株価 |  | １５００円 | ３０１５円 | ６０７５円 |
| Ｂ社 | ５％ | １００円 | １２８円 | １６３円 |
| 株価 |  | １５００円 | １９２０円 | ２４４５円 |

（ＰＥＲは１５倍で計算）

　もしあなたがＡ社株を１５００円で買って、５年経った時点で３０００円程度になっても、１株純利益は２０１円に増えており、単年度ＰＥＲが１５倍程度にしかならないので、売らずにもち続けるのが賢明です。５年後にＡ社で十分に利益が出たから、株価が安いＢ社に乗り換えようなどとゆめゆめ考えてはいけません。
　Ａ社は好業績が材料となって株価が勝手に上がっていく素晴らしい企業です。成長率の低いＢ社とは比較にならないのです。
　でもＡ社の株価が６０００円程度、つまり単年度ＰＥＲが３０倍程度になったら、これは少し過熱気味であり、一旦利食いしたほうがよいと思います。つまり５年目にしてすでに、１０年後の理論株価が実現したわけですから、利食いのチャンスになるわけです。この過熱した株価も、いずれ元の単年度ＰＥＲ１５倍程度に水準訂正される可能性があるので、そうなればその時点が再度仕込みのチャンスとなります。以下は、ここまでのまとめです。

◎もっと優秀な成長企業の株が売り叩かれて安くなったとき
◎株価が過熱し単年度連結（予想）ＰＥＲが３０〜４０倍以上に跳ね上がったときには一旦売る（実際には株価が暴騰すると一時的にＰＥＲが４０倍以上になることも珍しくありません）

　また、言うまでもありませんが、大前提として以下の状況になったときも利食いのときです。

◎成長のシナリオが根本から崩れ、これまでの優秀な業績継続が困難になってきたとき

　金の卵を産むガチョウ（成長株）が体をこわすほど卵を産み過ぎるときは、落ち着くまでしばらく池に放してあげればよいのです。卵が産めなくなるか、もっといいガチョウが見つかるまでは何度でも飼い続けたいものです。


## 2　念のため、PBRもチェック

　例外的なケースとして、ある時期に土地売却益など多額の特別利益が発生したり、あるいは原油価格の大幅上昇で思わぬ恩恵を受けたりなど、何らかの特殊要因によって単年度の売上・利益が一時的に激増することがあります。

　例えば、PER15倍で年率10-20％程度の成長会社が、ある年に利益が前年比2倍となり株価も2倍になった場合、PERは15倍のまま変わらないという現象が起こります。

　このとき、「PERが15倍だから割安だ」とその株を売らずに保有し続けると、次の年には特殊要因もなくなって利益も株価も元の水準に戻ってしまい、結果、せっかくの利食いの機会を逃してしまうことになります。つまりPERだけを見ていると、こういうチャンスを生かすことができないのです。ここまでの話を整理すると以下のようになります。

①　PERだけでなく、常にPBRもウォッチしておく
②　連結PBRが5〜6倍以上になったら一旦売る（ただしPBRも連結決算会社は連結ベースのPBRを使います。その理由は「連結PBRは2倍なのに、単独PBRが4倍」といった会社もあるからです）

単年度ＰＥＲが１５倍でしかなかったとしても、その時点で連結ＰＢＲが５倍近くになってきたら、利食い（株の売却）の態勢に入るわけです。
　ＰＢＲというのは、人気が出れば１０倍以上になる銘柄もありますが、これは珍しいケースです。私のこれまでの経験から言えば、株売却時のＰＢＲは５〜６倍が良いレベル（腹八分目）に思われます。


### 3　成長株の売り時とは

　今までの話を踏まえると、成長株の売り時は以下の通りになります。

【成長株を売るときとは】
①成長のシナリオが根本から崩れ、これまでの優秀な業績継続が困難になってきたとき
②もっと優秀な成長企業の株が売り叩かれて安くなったとき
③株価が過熱し単年度連結（予想）ＰＥＲが３０〜４０倍以上に跳ね上がったときには一旦売る
④ＰＥＲだけでなく、常にＰＢＲもウォッチしておく。連結ＰＢＲが５〜６倍以上になったら一旦売る
⑤どうしても換金の必要が生じたとき

　また、次ページの表は、５％、１０％、１５％、２０％成長企業の純資産が、２０年複利で増える様子を倍率で表したものです。参考にしてください。

| 年後 | 成長 5% | 成長 10% | 成長 15% | 成長 20% |
|---|---|---|---|---|
|  | 1.00 | 1.00 | 1.00 | 1.00 |
| 1 | 1.05 | 1.10 | 1.15 | 1.20 |
| 2 | 1.10 | 1.21 | 1.32 | 1.44 |
| 3 | 1.16 | 1.33 | 1.52 | 1.73 |
| 4 | 1.22 | 1.46 | 1.75 | 2.07 |
| 5 | 1.28 | 1.61 | 2.01 | 2.49 |
| 6 | 1.34 | 1.77 | 2.31 | 2.99 |
| 7 | 1.41 | 1.95 | 2.66 | 3.58 |
| 8 | 1.48 | 2.14 | 3.06 | 4.30 |
| 9 | 1.55 | 2.36 | 3.52 | 5.16 |
| 10 | 1.63 | 2.59 | 4.05 | 6.19 |
| 11 | 1.71 | 2.85 | 4.65 | 7.43 |
| 12 | 1.80 | 3.14 | 5.35 | 8.92 |
| 13 | 1.89 | 3.45 | 6.15 | 10.70 |
| 14 | 1.98 | 3.80 | 7.08 | 12.84 |
| 15 | 2.08 | 4.18 | 8.14 | 15.41 |
| 16 | 2.18 | 4.59 | 9.36 | 18.49 |
| 17 | 2.29 | 5.05 | 10.76 | 22.19 |
| 18 | 2.41 | 5.56 | 12.38 | 26.62 |
| 19 | 2.53 | 6.12 | 14.23 | 31.95 |
| 20 | 2.65 | 6.73 | 16.37 | 38.34 |

# 第3章
# 景気変動株の売り時

◆本章のポイント
◎株価が高くなったら、その動きを見てそこそこの利益で必ず売る
◎最高でも連結PBRが4〜5倍の水準になれば、必ず売る（あらかじめ最高何倍で売るかルールを作っておく）
◎優良な成長株が見つかれば利食いして成長株に乗り換える

## 1 景気変動株では利益が出たら必ず売る

　景気変動株というのは、景気が悪くなると売上・利益が減少し、景気が良くなると増加するということは、もうおわかりですね。「株というものは増益になれば上がり、減益になれば下がる」ことについてはあえて説明しなくてもよいでしょう。
　さて、買いのタイミングでも説明したように、景気変動株の売り時で重要なことは、

### 株価が高くなったら必ず売る

ということです。
　先ほどの表で見た通り、成長株は株価が上昇しても長期保有が基本です。しかし、景気変動株は企業自体の努力よりも、季節的要因や取扱品の需給関係などによって売上・利益が左右され、そのたびに株価

が乱高下しますから長期保有には適さないのです(そういう株は持っていても心が落ち着きません)。利益が複利で増えていかないことも「長期保有には適さない」理由のひとつです。


## 2　景気変動株の売り時とは

　以下に、私が推奨する景気変動株の売り時をまとめてみました。参考にしてみてください。

◎最高でも連結ＰＢＲが４～５倍になったら、連結単年度(予想)ＰＥＲが低くても必ず売る(あらかじめ最高何倍で売るかルールを作っておく)
◎適正値以下で買える成長株が見つからない場合に限って、ＲＯＥが高い景気変動株を買う。ただし、その後で優良な成長株が見つかれば景気変動株を利食いして成長株に乗り換える

　景気変動株が急騰すると「再び成長株に変身したようだ」などという記事をよく見かけるようになりますが、こういうときは慎重に判断＆行動してください。確実に利益を得ようとするなら、それらの記事に踊らされず"景気変動株は上がったら売る"という基本を守ることです。
　しかし、そうはいっても誰でもできるだけ高いところで売りたいと思いますよね。そこで、参考として、私が過去に実践してきた方法をひとつ紹介しましょう。

◎それまで動きのなかった株に少し動きが出て５割ほど値上がりしたとします。その後、株価の本格的な急騰が始まり、しばらく上げたところで、３日間連続で値上がりが止まったり下げたりしたときには即売却

ここで言う「値上がりが止まった」とは、株価が前日比１％以内の値動きになったときのことです。この方法ですと、まずまずの確率で天井付近までついていくことができました。ただし、利食いはあくまでも「腹八分目」が原則。完璧に大天井で売ろうとすると思わぬ落とし穴にはまってしまいます。急ピッチで上げた株は下がるのも速いですから。

　万一売りそびれた場合、まれにですが株価チャートの１３週移動平均線が上向きから下向きに転じた時点で売却することもあります。皆さんが高値を追いすぎて売り時を逸してしまった場合の売り時のポイントとして参考にしてください（ちなみに、私自身は株価チャートというものはあくまでも結果であって、先のことを予測するためのものではないと考えています）。

　景気変動株の売り時の話のまとめとして、最後にもう一度、以下を再確認してください。

## 景気変動株ではＰＥＲよりもむしろ株価の動きやＰＢＲに注目

　景気変動株では、現在業績が絶好調で単年度ＰＥＲが１５倍以下でも、気の早い投資家たちが将来の景気悪化観測による業績悪化を先どって、早めに株を売ってくることがあるのです。すると、表向きの利益は好調なのに株価が下落しますから、さらにＰＥＲが下がるという現象が起こるのです。つまり低ＰＥＲだからという理由だけで、まだ高くなるだろうと思い込み保有し続けると、株価は元の木阿弥となってしまうことがあります。ですからＰＥＲはなまじ見ないほうがよい場合もあります。ＰＢＲの値に注意を払って売り時を逃さないことです。

**重要コラム**
**適正値のまとめ**

★ 成長株を適正価格以下で買う

　成長株は、利益が毎年複利ペースで増えていきますので、株価も利益に比例して右肩上がりとなります。放っておいても、比較的早い時期に利益（含み益）が得られます。もしそのまま保有していて、万一暴落にあったとしても安心して長期保有できます。

　適正値以下で買った成長株は、「金の卵を産むガチョウ」を買ったようなものなので、卵を産まなくなるまでは絶対に売らないほうがよいと思います。人気が出て株価が適正値の３、４倍になったときとか、１０年後の予想株価と同じ程度になったら一度利益を確定するのもよいでしょう。

　株価の調整はかならずありますので、そのようなときにまた適正値に近くなるのを待つのです。そうすれば２度も３度もおいしい思いができるかもしれません。

★ 景気変動株を適正価格以下で買う

　景気変動株を適正値で買えるということは、つまり、まだ物色の対象になっていない状態なわけです。せっかく適正値で買えても、上昇に時間がかかるかもしれません。それを認識しておいてください。

　ただ景気が良くなり大幅増益を達成したときなどは、株価は大幅に上昇し、買値の２、３倍になったりします。毎年複利で何年か後には何倍にもなる成長株とは異なり、上げ始めれば短期間で株価は上昇しますので、そこで売ることが大事です。

　つまり、大幅増益は一時的な場合が多いのです。もっと上がるのではないかと思っていると、ちょっとの業績の下方修正などに敏感に反応して、また元の株価に戻ってしまいやすいことを肝に銘じましょう。

## 第5の扉

## あなたの持ち株の適正値を
## 計算してみましょう

# 第1章
# 計算する前にすべきこと

◆本章のポイント
◎適正値を計算する前に電卓や会社四季報など、必要なものを準備
◎株式分割や多額の特別損益があった場合には、計算に使う数字を整えましょう

　さて、本章では実際にあなたの持ち株が割安かそれとも割高か計算してみましょう。まずは、以下を準備してください。

【準備するもの】
●電卓
●会社四季報
●日経会社情報、ダイヤモンド社の株データブック（全銘柄版）、投資レーダーのチャートブック月足集など

◎単独決算の企業の場合は単独の数字ですが、連結決算の企業の場合は連結の数字を使ってください。
◎純利益［法人税（国税と地方税）を支払った後の利益］が経常利益の額と変わらないとか、それ以上となっている年度があれば注意してください。一時的に土地や持合株などを売却して多額の利益を計上している可能性があります。その場合は、その年度の純利益額を、通常年度の経常利益と純利益の比率に見合った額に調整して記入してください。
※あるいは（法人税も考慮して）純利益から特別損益の６０％分を差し引いた額で計算してください。

参考までに法人税は、平成１０年度以前は国税と地方税をあわせて約５０％でしたが、現在は約４０％に引き下げられています。

---

**重要コラム**
**株式分割が行われたときには**

　前期末あるいは最近に、株式分割が行われた場合には注意が必要です。念のために四季報に掲載されている株式数にＢＰＳを掛け合わせて、株主資本の金額と合致するかチェックしてください。それぞれの数字の掲載時点にズレがあるため誤差が生じることがあります。誤差が５％以上出た場合、株式数の増減の有無を調べて、株主資本の金額にほぼ合致するよう、ＢＰＳ及び株式数を最新の数字に修正してください。

　そのために以下の計算式を使ってください（株主資本の数字にほぼ合致するように株式数やＢＰＳを最新のものに修正します）。

株主資本　□□□□□百万円　＝　株式数　□□□□□千株
×　現在のＢＰＳ　÷　１０００

※なお、毎年利益が減少傾向にある銘柄及び期間中に合併・経営統合した銘柄は（合併前の持ち株数と合併後の持ち株数が変わっているため）対象外とします。

# 第2章
# 実際に計算してみましょう

◆本章のポイント
４年間平均純利益ＰＥＲ、今期予想純利益ＰＥＲが１５倍以下なら適正。４年間平均純利益ＰＥＲ、今期予想純利益ＰＥＲに加えて１０年間純資産予想利回りが４％以上なら最高級

　まずは、ホンダ（成長株）と大正製薬（景気変動株）の記入例を見てください。以下の表の「Ｈ欄」および「Ｊ欄」に注目してください。「Ｈ欄」および「Ｊ欄」が以下に示す評価になっていれば二重丸です。

評価
ＨおよびＪのＰＥＲが１５倍以下　　　　適正または割安
ＨおよびＪのＰＥＲが１５倍超でＬが４％以上　　安全性も最高級

◆成長株

【ホンダ】

別表

会社名：ホンダ　銘柄コード：７２６７

| | | | |
|---|---|---|---|
| 買値（２００５年９月） | A | ６，０００ | 円 |
| 現在の１株純資産 | B | ３，５５６ | 円 |
| 現在の株式数 | C | ９２８，４１４ | 千株 |

前期純利益（２００５.３）　４８６、１９７　百万円
２年前純利益（２００４.３）　４６４、３３８　百万円
３年前純利益（２００３.３）　４２６、６６２　百万円
４年前純利益（２００２.３）　３６２、７０７　百万円

４年間合計純利益　　　D　１、７３９、９０４　百万円
今期予想純利益　　　　E　　　４５０、０００　百万円
４年間平均純利益　　　F　　　４３４、９７６　百万円（D÷４年）
４年間平均１株純利益　G　　　　　　　４６８　円（F÷C×１、０００）
４年間平均純利益ＰＥＲ　H　　　　　１２.８　倍（A÷G）
今期予想１株純利益　　I　　　　　　　４８４　円（E÷C×１、０００）
今期予想純利益ＰＥＲ　J　　　　　　１２.４　倍（A÷I）
１０年後予想１株純資産　K　　　　　８、２３６　円（G×１０年＋B）
１０年間純資産予想利回り　L　　　　　　３.７　％（K－A）÷A÷１０年
収益面の適正価格　　　M　　　　　７、０２０　円（G×ＰＥＲ１５倍）

（註）成長が間違いないと思われる場合ＰＥＲは２０倍前後までの範囲で計算可能です。

資産面の適正価格　　　N　　　　　５、８８２　円（K÷１.４）

適正株価（買）P　７、０２０　円（MかNのどちらか大きいほうの金額を記入して下さい）

## 【成長株の10年後の予想適正株価の計算】

| 前期経常利益 | a | 656,805 | 百万円 |
|---|---|---|---|
| 2年前経常利益 | b | 641,927 | 百万円 |
| 3年前経常利益 | c | 609,755 | 百万円 |
| 4年前経常利益 | d | 551,342 | 百万円 |
| 5年前経常利益 | e | 384,976 | 百万円 |
| 6年前経常利益 | f | 416,063 | 百万円 |
| 7年前経常利益 | g | 520,511 | 百万円 |
| 8年前経常利益 | h | 443,351 | 百万円 |

最近3年間利益伸び率　Z $\boxed{1.19}$ 倍　a ÷ d
最近3年間利益成長率　i $\boxed{6.0}$ ％　別表の年間成長率早見表でZ倍に対応する％を記入

中間3年間利益伸び率　Z $\boxed{1.46}$ 倍　c ÷ f
中間3年間利益成長率　J $\boxed{13.4}$ ％ 別表の年間成長率早見表でZ倍に対応する％を記入

7年間利益伸び率　Z $\boxed{1.48}$ 倍　a ÷ h
7年間利益成長率　k $\boxed{5.8}$ ％　別表の年間成長率早見表でZ倍に対応する％を記入

利益成長率　Q $\boxed{5.8}$ ％（上のi,j,kまたは20％のうち一番低い率を記入して下さい）
（註）20％以上の成長が長期間続くことは考えにくいので、最高20％にします。

### コラム
### 成長株の10年後の予想適正株価の計算について

　成長株の場合、当初の予定通りの成長率で成長したとすれば1株純利益も1株純資産も10年後には大きく膨らんでいますので、10年後の予想株価を参考までに計算してみましょう。

　なお、過去7年分の業績データしか集まらない場合は、8年分のデータの代わりに、7年分のデータで計算してください。計算結果は多少違ってきますが、大勢に影響はないかと思います。また、この場合の利益成長率の計算は「7年間成長率早見表」の代わりに巻末の「6年間成長率早見表」を利用して下さい。

　実際の利益成長率の計算に当たっては、経常利益を使うとよいと思います。純利益ですと、事業活動から生まれる損益以外に株式売買損益や土地売却損益など一時的な特別損益が含まれている可能性があるためです。

　ちなみに、景気変動株の場合は、10年後の1株純利益の水準がそれほど高くなっているとは思えないので、この計算は不要です。

１０年後の１株純利益　　R $\boxed{823}$ 円　G×{(1＋Q)の１０乗}

（註）10乗の計算は別表の「１０乗の計算結果表」を参照して下さい

１０年後の予想株価（売）　S $\boxed{12,345～20,575}$ 円　R×１５～２５倍（ＰＥＲ）

◆景気変動株

【大正製薬】

会社名：大正製薬　銘柄コード：４５３５

買値（２００５年１１月）　A　$\boxed{2,100}$ 円
現在の１株純資産　　　　B　$\boxed{1,679}$ 円
現在の株式数　　　　　　C　$\boxed{330,965}$ 千株

前期純利益（２００５.３）　　$\boxed{35,489}$ 百万円
２年前純利益（２００４.３）　$\boxed{40,910}$ 百万円
３年前純利益（２００３.３）　$\boxed{35,392}$ 百万円
４年前純利益（２００２.３）　$\boxed{37,361}$ 百万円
５年前純利益（２００１.３）　$\boxed{31,269}$ 百万円
６年前純利益（２０００.３）　$\boxed{50,754}$ 百万円
７年前純利益（１９９９.３）　$\boxed{29,567}$ 百万円
８年前純利益（１９９８.３）　$\boxed{33,200}$ 百万円

| | | | | |
|---|---|---|---|---|
| 8年間合計純利益 | D | 293,942 | 百万円 | |
| 今期予想純利益 | E | 35,500 | 百万円 | |
| 8年間平均純利益 | F | 36,743 | 百万円 | (D÷8年) |
| 8年間平均1株純利益 | G | 111 | 円 | (F÷C×1,000) |
| 8年間平均純利益PER | H | 18.9 | 倍 | (A÷G) |
| 今期予想1株純利益 | I | 107 | 円 | (E÷C×1,000) |
| 今期予想純利益PER | J | 19.6 | 倍 | (A÷I) |
| 10年後予想1株純資産 | K | 2,789 | 円 | (G×10年+B) |
| 10年間純資産予想利回り | L | 3.3 | ％ | (K—A)÷A÷10年 |
| 収益面の適正価格 | M | 1,665 | 円 | (G×PER15倍) |
| 資産面の適正価格 | N | 1,992 | 円 | (K÷1.4) |

適正株価（買）P　1,992 円（MかNのどちらか大きい方の金額を記入して下さい）
過去最高純利益　Q　50,754 百万円　過去8年間の最高純利益を記入して下さい

過去最高1株純利益　R　153 円　（Q÷C×1,000）

予想最高株価（売）S　2295～3825 円　R×15～25倍(PER)

# 第3章
# 成長株の計算フォーマット

　以下の計算フォーマットを使ってあなたの持ち株（成長株）の適正値を計算してみてください。わからない場合は、１０８～１１２ページの記入例を参考にしてください。

会社名：

買値（　　　年　　月）A _____ 円
現在の１株純資産　　　　B _____ 円
現在の株式数　　　　　　C _____ 千株

前期純利益　　　　　　　　　_____ 百万円
２年前純利益　　　　　　　　_____ 百万円
３年前純利益　　　　　　　　_____ 百万円
４年前純利益　　　　　　　　_____ 百万円

４年間合計純利益　　D _____ 百万円
今期予想純利益　　　E _____ 百万円
４年間平均純利益　　F _____ 百万円（D÷4年）
４年間平均１株純利益　　G _____ 円（F÷C×1,000）
４年間平均純利益ＰＥＲ　　H _____ 倍（A÷G）

| | | | |
|---|---|---|---|
| 今期予想1株純利益 | I | ____ | 円（E÷C×1,000） |
| 今期予想純利益ＰＥＲ | J | ____ | 倍（A÷I） |
| １０年後予想１株純資産 | K | ____ | 円（G×１０年＋B） |
| １０年間純資産予想利回り | L | ____ | ％（K－A)÷A÷10年 |
| 収益面の適正価格 | M | ____ | 円（G×ＰＥＲ１５倍） |

（註）成長が間違いないと思われる場合ＰＥＲは２０倍前後までの範囲で計算可能です。

| | | | |
|---|---|---|---|
| 資産面の適正価格 | N | ____ | 円（K÷1.4） |

適正株価（買）　　P ____ 円（MかNのどちらか大きい方の金額を記入して下さい）

## 【成長株の１０年後の予想適正株価の計算】

| | | | |
|---|---|---|---|
| 前期経常利益 | a | ____ | 百万円 |
| ２年前経常利益 | b | ____ | 百万円 |
| ３年前経常利益 | c | ____ | 百万円 |
| ４年前経常利益 | d | ____ | 百万円 |
| ５年前経常利益 | e | ____ | 百万円 |
| ６年前経常利益 | f | ____ | 百万円 |
| ７年前経常利益 | g | ____ | 百万円 |
| ８年前経常利益 | h | ____ | 百万円 |

| | | | |
|---|---|---|---|
| 最近３年間利益伸び率 | Z | ____ | 倍　a÷d |
| 最近３年間利益成長率 | i | ____ | ％　別表の年間成長率早見表でZ倍に対応する％を記入 |

中間3年間利益伸び率　　Z ____ 倍　c ÷ f
中間3年間利益成長率　j ____ ％　別表の年間成長率早見表でZ倍に対応する％を記入

7年間利益伸び率　　Z ____ 倍　a ÷ h
7年間利益成長率　k ____ ％　別表の年間成長率早見表でZ倍に対応する％を記入

利益成長率　Q ____ ％（上のi,j,kまたは20％のうち一番低い率を記入して下さい）
（註）20％以上の成長が長期間続くことは考えにくいので、最高20％にします。

10年後の1株純利益　　R ____ 円　G×{（1＋Q）の10乗}
（註）10乗の計算は別表の「10乗の計算結果表」を参照して下さい

10年後の予想株価（売）S ____ 円　R×15〜25倍（PER）

**年間成長率早見表**

経常利益伸び率（Z倍）の計算式

Z＝最近年度経常利益÷（　）年前経常利益

※参考までに年間成長率は「Z^（1÷年数）－1」で計算しています。

（3年間成長率早見表）

| Z | 成長率 | Z | 成長率 |
|---|---|---|---|
| 1.15 | 4.8% | 1.45 | 13.2% |
| 1.16 | 5.1% | 1.46 | 13.4% |
| 1.17 | 5.4% | 1.47 | 13.7% |
| 1.18 | 5.7% | 1.48 | 14.0% |
| 1.19 | 6.0% | 1.49 | 14.2% |
| 1.20 | 6.3% | 1.50 | 14.5% |
| 1.21 | 6.6% | 1.51 | 14.7% |
| 1.22 | 6.9% | 1.52 | 15.0% |
| 1.23 | 7.1% | 1.53 | 15.2% |
| 1.24 | 7.4% | 1.54 | 15.5% |
| 1.25 | 7.7% | 1.55 | 15.7% |
| 1.26 | 8.0% | 1.56 | 16.0% |
| 1.27 | 8.3% | 1.57 | 16.2% |
| 1.28 | 8.6% | 1.58 | 16.5% |
| 1.29 | 8.9% | 1.59 | 16.7% |
| 1.30 | 9.1% | 1.60 | 17.0% |
| 1.31 | 9.4% | 1.61 | 17.2% |
| 1.32 | 9.7% | 1.62 | 17.4% |
| 1.33 | 10.0% | 1.63 | 17.7% |
| 1.34 | 10.2% | 1.64 | 17.9% |
| 1.35 | 10.5% | 1.65 | 18.2% |
| 1.36 | 10.8% | 1.66 | 18.4% |
| 1.37 | 11.1% | 1.67 | 18.6% |
| 1.38 | 11.3% | 1.68 | 18.9% |
| 1.39 | 11.6% | 1.69 | 19.1% |
| 1.40 | 11.9% | 1.70 | 19.3% |
| 1.41 | 12.1% | 1.71 | 19.6% |
| 1.42 | 12.4% | 1.72 | 19.8% |
| 1.43 | 12.7% | 1.73 | 20.0% |
| 1.44 | 12.9% | | |

（7年間成長率早見表）

| Z | 成長率 | Z | 成長率 | Z | 成長率 | Z | 成長率 |
|---|---|---|---|---|---|---|---|
| 1.41 | 5.0% | 2.01 | 10.5% | 2.61 | 14.7% | 3.21 | 18.1% |
| 1.43 | 5.2% | 2.03 | 10.6% | 2.63 | 14.8% | 3.23 | 18.2% |
| 1.45 | 5.5% | 2.05 | 10.8% | 2.65 | 14.9% | 3.25 | 18.3% |
| 1.47 | 5.7% | 2.07 | 11.0% | 2.67 | 15.1% | 3.27 | 18.4% |
| 1.49 | 5.9% | 2.09 | 11.1% | 2.69 | 15.2% | 3.29 | 18.5% |
| 1.51 | 6.1% | 2.11 | 11.3% | 2.71 | 15.3% | 3.31 | 18.6% |
| 1.53 | 6.3% | 2.13 | 11.4% | 2.73 | 15.4% | 3.33 | 18.8% |
| 1.55 | 6.5% | 2.15 | 11.6% | 2.75 | 15.5% | 3.35 | 18.9% |
| 1.57 | 6.7% | 2.17 | 11.7% | 2.77 | 15.7% | 3.37 | 19.0% |
| 1.59 | 6.8% | 2.19 | 11.8% | 2.79 | 15.8% | 3.39 | 19.1% |
| 1.61 | 7.0% | 2.21 | 12.0% | 2.81 | 15.9% | 3.41 | 19.2% |
| 1.63 | 7.2% | 2.23 | 12.1% | 2.83 | 16.0% | 3.43 | 19.3% |
| 1.65 | 7.4% | 2.25 | 12.3% | 2.85 | 16.1% | 3.45 | 19.4% |
| 1.67 | 7.6% | 2.27 | 12.4% | 2.87 | 16.3% | 3.47 | 19.5% |
| 1.69 | 7.8% | 2.29 | 12.6% | 2.89 | 16.4% | 3.49 | 19.5% |
| 1.71 | 8.0% | 2.31 | 12.7% | 2.91 | 16.5% | 3.51 | 19.6% |
| 1.73 | 8.1% | 2.33 | 12.8% | 2.93 | 16.6% | 3.53 | 19.7% |
| 1.75 | 8.3% | 2.35 | 13.0% | 2.95 | 16.7% | 3.55 | 19.8% |
| 1.77 | 8.5% | 2.37 | 13.1% | 2.97 | 16.8% | 3.57 | 19.9% |
| 1.79 | 8.7% | 2.39 | 13.3% | 2.99 | 16.9% | 3.59 | 20.0% |
| 1.81 | 8.8% | 2.41 | 13.4% | 3.01 | 17.0% | | |
| 1.83 | 9.0% | 2.43 | 13.5% | 3.03 | 17.2% | | |
| 1.85 | 9.2% | 2.45 | 13.7% | 3.05 | 17.3% | | |
| 1.87 | 9.4% | 2.47 | 13.8% | 3.07 | 17.4% | | |
| 1.89 | 9.5% | 2.49 | 13.9% | 3.09 | 17.5% | 4.76 | 25.0% |
| 1.91 | 9.7% | 2.51 | 14.1% | 3.11 | 17.6% | 6.26 | 30.0% |
| 1.93 | 9.8% | 2.53 | 14.2% | 3.13 | 17.7% | 8.16 | 35.0% |
| 1.95 | 10.0% | 2.55 | 14.3% | 3.15 | 17.8% | 10.52 | 40.0% |
| 1.97 | 10.2% | 2.57 | 14.4% | 3.17 | 17.9% | 13.45 | 45.0% |
| 1.99 | 10.3% | 2.59 | 14.6% | 3.19 | 18.0% | 17.05 | 50.0% |

**１０乗の計算結果表**

（１＋成長率Ｐ）の１０乗の計算結果

| １＋P | 10乗 | １＋P | 10乗 | １＋P | 10乗 | １＋P | 10乗 | １＋P | 10乗 |
|---|---|---|---|---|---|---|---|---|---|
| 1.050 | 1.63 | 1.083 | 2.22 | 1.116 | 3.00 | 1.149 | 4.01 | 1.182 | 5.32 |
| 1.051 | 1.64 | 1.084 | 2.24 | 1.117 | 3.02 | 1.150 | 4.05 | 1.183 | 5.37 |
| 1.052 | 1.66 | 1.085 | 2.26 | 1.118 | 3.05 | 1.151 | 4.08 | 1.184 | 5.41 |
| 1.053 | 1.68 | 1.086 | 2.28 | 1.119 | 3.08 | 1.152 | 4.12 | 1.185 | 5.46 |
| 1.054 | 1.69 | 1.087 | 2.30 | 1.120 | 3.11 | 1.153 | 4.15 | 1.186 | 5.51 |
| 1.055 | 1.71 | 1.088 | 2.32 | 1.121 | 3.13 | 1.154 | 4.19 | 1.187 | 5.55 |
| 1.056 | 1.72 | 1.089 | 2.35 | 1.122 | 3.16 | 1.155 | 4.22 | 1.188 | 5.60 |
| 1.057 | 1.74 | 1.090 | 2.37 | 1.123 | 3.19 | 1.156 | 4.26 | 1.189 | 5.65 |
| 1.058 | 1.76 | 1.091 | 2.39 | 1.124 | 3.22 | 1.157 | 4.30 | 1.190 | 5.69 |
| 1.059 | 1.77 | 1.092 | 2.41 | 1.125 | 3.25 | 1.158 | 4.34 | 1.191 | 5.74 |
| 1.060 | 1.79 | 1.093 | 2.43 | 1.126 | 3.28 | 1.159 | 4.37 | 1.192 | 5.79 |
| 1.061 | 1.81 | 1.094 | 2.46 | 1.127 | 3.31 | 1.160 | 4.41 | 1.193 | 5.84 |
| 1.062 | 1.82 | 1.095 | 2.48 | 1.128 | 3.33 | 1.161 | 4.45 | 1.194 | 5.89 |
| 1.063 | 1.84 | 1.096 | 2.50 | 1.129 | 3.36 | 1.162 | 4.49 | 1.195 | 5.94 |
| 1.064 | 1.86 | 1.097 | 2.52 | 1.130 | 3.39 | 1.163 | 4.53 | 1.196 | 5.99 |
| 1.065 | 1.88 | 1.098 | 2.55 | 1.131 | 3.42 | 1.164 | 4.57 | 1.197 | 6.04 |
| 1.066 | 1.89 | 1.099 | 2.57 | 1.132 | 3.46 | 1.165 | 4.61 | 1.198 | 6.09 |
| 1.067 | 1.91 | 1.100 | 2.59 | 1.133 | 3.49 | 1.166 | 4.64 | 1.199 | 6.14 |
| 1.068 | 1.93 | 1.101 | 2.62 | 1.134 | 3.52 | 1.167 | 4.68 | 1.200 | 6.19 |
| 1.069 | 1.95 | 1.102 | 2.64 | 1.135 | 3.55 | 1.168 | 4.73 | | |
| 1.070 | 1.97 | 1.103 | 2.67 | 1.136 | 3.58 | 1.169 | 4.77 | | |
| 1.071 | 1.99 | 1.104 | 2.69 | 1.137 | 3.61 | 1.170 | 4.81 | | |
| 1.072 | 2.00 | 1.105 | 2.71 | 1.138 | 3.64 | 1.171 | 4.85 | | |
| 1.073 | 2.02 | 1.106 | 2.74 | 1.139 | 3.67 | 1.172 | 4.89 | | |
| 1.074 | 2.04 | 1.107 | 2.76 | 1.140 | 3.71 | 1.173 | 4.93 | | |
| 1.075 | 2.06 | 1.108 | 2.79 | 1.141 | 3.74 | 1.174 | 4.97 | | |
| 1.076 | 2.08 | 1.109 | 2.81 | 1.142 | 3.77 | 1.175 | 5.02 | | |
| 1.077 | 2.10 | 1.110 | 2.84 | 1.143 | 3.81 | 1.176 | 5.06 | 1.250 | 9.31 |
| 1.078 | 2.12 | 1.111 | 2.87 | 1.144 | 3.84 | 1.177 | 5.10 | 1.300 | 13.79 |
| 1.079 | 2.14 | 1.112 | 2.89 | 1.145 | 3.87 | 1.178 | 5.15 | 1.350 | 20.11 |
| 1.080 | 2.16 | 1.113 | 2.92 | 1.146 | 3.91 | 1.179 | 5.19 | 1.400 | 28.93 |
| 1.081 | 2.18 | 1.114 | 2.94 | 1.147 | 3.94 | 1.180 | 5.23 | 1.450 | 41.08 |
| 1.082 | 2.20 | 1.115 | 2.97 | 1.148 | 3.98 | 1.181 | 5.28 | 1.500 | 57.67 |

## 第4章
# 景気変動株の計算フォーマット

　以下の計算フォーマットを使ってあなたの持ち株（景気変動株）の適正値を計算してみてください。わからない場合は、112～113ページの記入例を参考にしてください。

会社名：

買値　　　　　　　　　　A ☐ 円
現在の1株純資産　　　　B ☐ 円
現在の株式数　　　　　　C ☐ 千株

前期純利益　　　　　　　　☐ 百万円
2年前純利益　　　　　　　☐ 百万円
3年前純利益　　　　　　　☐ 百万円
4年前純利益　　　　　　　☐ 百万円
5年前純利益　　　　　　　☐ 百万円
6年前純利益　　　　　　　☐ 百万円
7年前純利益　　　　　　　☐ 百万円
8年前純利益　　　　　　　☐ 百万円

8年間合計純利益　　　　D ☐ 百万円
今期予想純利益　　　　　E ☐ 百万円

8年間平均純利益　　　F ☐ 百万円（D÷8年）
8年間平均1株純利益　 G ☐ 円（F÷C×1,000）
8年間平均純利益ＰＥＲ H ☐ 倍（A÷G）
今期予想1株純利益　　 I ☐ 円（E÷C×1,000）
今期予想純利益ＰＥＲ　 J ☐ 倍（A÷I）
10年後予想1株純資産　 K ☐ 円（G×10年＋B）
10年間純資産予想利回り L ☐ ％（K－A）÷A÷10年
収益面の適正価格　　　 M ☐ 円（G×ＰＥＲ15倍）
資産面の適正価格　　　 N ☐ 円（K÷1.4）

適正株価（買）P ☐ 円（MかNのどちらか大きい方の金額を記入して下さい）
過去最高純利益　Q ☐ 百万円　過去8年間の最高純利益を記入して下さい

過去最高1株純利益　　R ☐ 円　（Q÷C×1,000）

予想最高株価(売)　S ☐ ～ ☐ 円　R ×15～25倍（ＰＥＲ）


　いかがでしたか？　あなたの持ち株の買値は適正値より割安でしたか？　割高でしたか？　もし割高だった場合には、早めに適正値投資に切り替えましょう。

## 第6の扉

### 景気の転換点を知って、大きな資産を形成しましょう

# 第1章
# 金利と株式相場の切っても切れない関係

> ◆本章のポイント
> お金の流れを把握して、景気の転換点を知る＝お金の流れに沿った投資をする＝常に勝つ

## 1 世の中のお金の流れ

世の中のお金というのは、株式を除くと、

① 預貯金
② 債券
③ 不動産
④ 商品（金等）

などで運用されています。

　株式相場が値上がりする大きな要因は、これらの商品で運用されていたお金が一斉に株式に向かってきてその需要が供給を上回るからです。反対に、株式相場が値下がりする原因は、株式で運用していたお金が一斉に債券などのほかの商品に向かっていくためです。
　最近（２００６年５月現在）では長い間放置されていた日本株の割安感から外国マネーが大量に入ってくるようになりました。このお金の流れも大きな影響を与えることになります。
　それではお金がどういう場合にどのように移動するか、見ていきま

しょう。

① 景気・株式相場が過熱 ⇒ 金利上昇 ⇒ さらに金利が上昇 ⇒ お金は安全で高金利の債券に流れる
② 景気が低迷・株安 ⇒ 金利低下 ⇒ さらに金利が低下 ⇒ 低金利の債券より割安な株式に流れる

※ 金利が上がる＝債券が下落する（新発国債が高い利回りになるので、既発債券価格が下がる）
※ 金利が下がる＝債券が上昇する（新発国債の利回りが低くなるので、既発債券価格が上がる）


それぞれを詳しく説明しましょう。

①の場合
　景気が良くなり株式相場が活況になり、さらに景気が過熱すると、株が割高になってきます。不動産など、物価も上がってきます。それを抑制するために金利が上がります。そしてどんどん金利が上がっていくと、債券の利回りが高くなります。ですから、賢いプロたちは何も割高になっている株式市場で運用しなくても、安全で利回りのよい債券にお金を移そうとします。

②の場合
　反対に景気が低迷すると、景気を回復させるために金利が下がります。それでも景気が好転しない場合は何とかしようと金利はどんどん低くなり、そのおかげで資金調達コストも下がって最後には企業の業績も上向き始めます。この場合、一方で債券利回りがどんどん低下するために債券市場で運用するメリットがなくなってくることから、これまで債券市場で運用していたプロたちは今度は割安な株式市場にお金を移すのです。２００６年現在の日本はちょうどこの転換が行われたばかりと言えるでしょう。

こうしたプロたちの動きが市場に大きな影響を与えていくわけですが、多くの個人投資家たちは、このお金の流れには無関心です。世の中のお金が過熱気味の株式市場から、より有利で安全な債券市場へと移動しつつあっても、それに気づきません。


## 2　下げ相場に入っても株式市場に留まるのは"流れが見えない"から

　1989年、バブル絶頂期から約15年もの間、日本の株式市場は下がり続けました。バブル時に高値で買った株を抱えて、長い眠りについた個人投資家もいれば、大きな損失を出し、それを取り返そうと株式市場で闘ってきた方もいるでしょう。
　なぜ景気は下降局面に入っているのに、株式市場から離れられないのでしょうか。
　考えられる理由として、「株で大きな利益を上げたことがあると利回り数パーセントの債券などでは満足がいかなくなる」ことが挙げられるでしょう。人は一度良い夢（目先の利益を得ること）を見るとなかなかそこから離れられないものなのです。そして、いつかは回復するだろうと甘い憶測をしてしまうのです。
　もしあなたがバブル期から株式市場に参加していたなら、バブル崩壊以降の株価の推移を見てきているでしょうから、一度資金が移動すると戻ってくるのにかなりの年数がかかることを身をもっておわかりになっていることでしょう。
　つまり、目先ばかりにこだわって大局を見ないでいると、景気の転換に気づかず、過熱時に高値で買った株を抱えたまま取り残されることになるのです。いくら株式市場である時期に良い思いをしたとしても、最後に大打撃を受けては何のための投資なのかわからなくなります。結局、「やっぱり株は怖い、もうこりごりだ」などと言って逃げ出すことにもなりかねません。
　最初に申し上げたように、適正値を知らないまま何となく投資を続

けていると、必ずやこのような状況に遭遇し、せっかくの資産を減らしてしまうことになります。

## 3　投資で成功するには

これまでお話ししてきたように、投資で成功するには流れ（大局的な動き）を把握しておかなければなりません。具体的に言うと、以下のようになります。

---

①　**大局で見て景気の転換点を知る**
　■東証１部の連結ベースの平均ＰＢＲが４〜５倍以上になり、公定歩合が大幅に引き上げられたら　⇒　株式相場は大天井　⇒　株から債券へ
　■公定歩合がかなり低く、東証１部の連結ベースの平均PBRが１倍に近づいたら　⇒　株式市場は大底　⇒　債券から株へ

②　**景気の転換時こそ投資のチャンス**
　景気が低迷、あるいは転換して上向き始めたときに、本書の銘柄選定方法で選んだ銘柄の適正値リストで銘柄を選び投資する。ここで投資できれば大きな利益を得られる。

③　**景気が順調に推移しているときは多少柔軟にあるいは辛抱強く**
　本書の銘柄選定法に沿って選定し投資する。相場がある程度上昇すると適正値銘柄は見つけにくくなることもある。この場合、多少リスクをとって投資するか、株価の調整があるまで待つかは自分のリスク許容度によって決める。間違っても適正値の２倍などという値で投資したりしない。

---

以上のことができれば、大きな混乱に巻き込まれることなく安心して資産を増やしていけるのです。
　何よりも大事な点は、大局を読み違えないということです。地震に例えてみるなら、震度3や震度4程度の地震は、あらかじめ対策を講じておけば何とか対応できるのです。しかし、阪神淡路大震災のような何十年や何百年に1回といった大地震の場合はそうはいきません。この場合は、「そこに居ないこと」が重要になるのです。今後の経済動向を注意深く見ながら、景気の転換を知ることが最も大事です。

---

**重要コラム**
**東証1部の連結ベースの平均PBRについて**

　相場の位置を計るものさしとして私が重要視しているのは、「東証1部の連結ベースの平均PBR」です。これは東京証券取引所のホームページで毎月末の数値が発表されています。銘柄の入れ替えがたびたびある「日経平均株価」や、株価が安いときでも利益減少によって極端に高くなったりする「平均PER」はあまりあてになりません。この「東証1部全体の連結ベースの平均PBR」は相場が大底を打った2003年4月時点で0．9倍、2005年末現在では1．8倍程度となっています。また1980年代前半は2倍から3倍の間で推移していたようですが、その後のバブルの頂点では5．6倍をつけたとのことです。この平均PBRが将来4～5倍になれば「要警戒」ということになると思われます。

## 東証1部平均PBR（連結）並びに公定歩合と株価（TOPIX）の関連性

●公定歩合とPBRの推移

| 年 | 公定歩合 | 年 | 公定歩合 | (PBR) |
|---|---|---|---|---|
| 1973 | 9.00 | 1989 | 4.25 | (5.4) |
| 1974 | 9.00 | 1990 | 6.00 | (2.9) |
| 1975 | 6.50 | 1991 | 4.50 | (2.5) |
| 1976 | 6.50 | 1992 | 3.25 | (1.8) |
| 1977 | 4.25 | 1993 | 1.75 | (1.9) |
| 1978 | 3.50 | 1994 | 1.75 | (2.0) |
| 1979 | 6.25 | 1995 | 0.50 | (1.9) |
| 1980 | 7.25 | 1996 | 0.50 | (1.8) |
| 1981 | 5.50 | 1997 | 0.50 | (1.2) |
| 1982 | 5.50 | 1998 | 0.50 | (1.2) |
| 1983 | 5.00 | 1999 | 0.50 | (1.5) |
| 1984 | 5.00 | 2000 | 0.50 | (1.2) |
| 1985 | 5.00 | 2001 | 0.10 | (1.0) |
| 1986 | 3.00 | 2002 | 0.10 | (0.9) |
| 1987 | 2.50 | 2003 | 0.10 | (1.2) |
| 1988 | 2.50 | 2004 | 0.10 | (1.3) |
| | | 2005 | 0.10 | (1.8) |

PBRの出所：
東京証券取引所
（数値は各年末時点のもの）

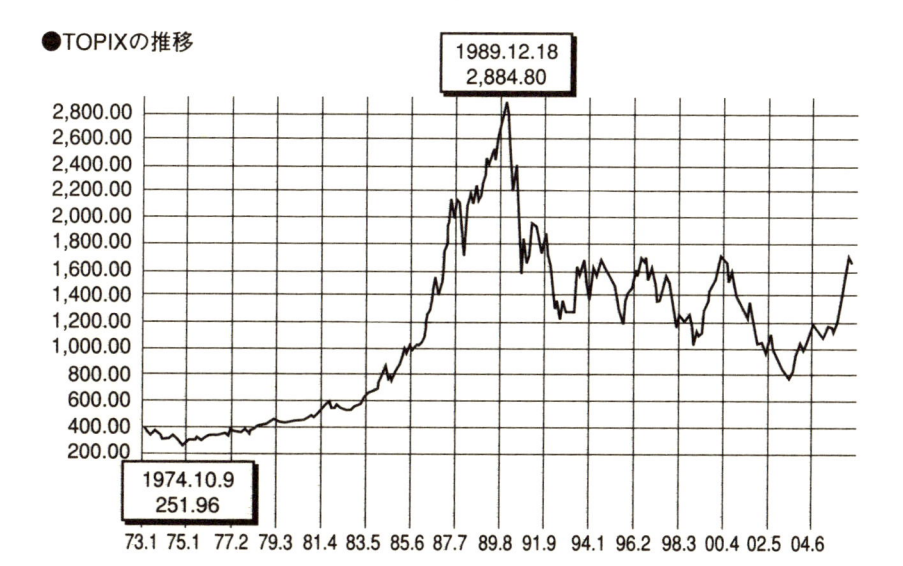

●TOPIXの推移

1989.12.18
2,884.80

1974.10.9
251.96

**コラム**
**株価暴落時の状況について**

　１９２９年のアメリカの株価大暴落は同国の株式市場に投資されていた大量のイギリスマネーが、イギリスの金利引き上げにより、一斉に引き上げられたことが引き金になったと言われています。１９９０年の日本のバブル崩壊も、国内の公定歩合が大幅に引き上げられたことなどが大きな要因となりました。このように金利と資金移動は切っても切れない関係にあり、株式市場に非常に大きなインパクトを与える要因となっています。

　また、暴落寸前の株価指標はどうだったかというと、１９９９年ＮＹダウが１万１０００ドル台をつけたとき、全体の平均ＰＥＲは２５倍でしたが、ＰＢＲは７倍にもなっていたそうです。

　１９８９年１２月の日本のバブルの頂点付近では東証１部の予想ＰＥＲは６２倍で、ＰＢＲは５．６倍となっていたそうです。

　私の投資方法では、個々の企業の「１０年後の予想１株純資産値」を計算したうえで、適正値を判断して投資しますので、今後起きるだろう大暴落の前には買える値段の銘柄がないために、自分の資金はすべて安全な債券などに移してあるということになります。これこそ「枕を高くして眠っていられる投資法」だと思いませんか。

## 第2章
# 必ずやってくる千載一遇のチャンスをものにする

> ◆本章のポイント
> 株の急落時には、慌てて売りに走らず、冷静に適正値を割り込む優良銘柄を拾いましょう

### 1　お金は移動する

　株式相場が上昇しているときには儲けやすく、下落しているときには損しやすいことについては今さら言うまでもありません。
　さて、投資をするにあたって勘違いしてはいけない大事なことがあります。それは、相場全体が上昇したからといって世の中のお金が増えたわけではなく、相場が下落したからといって世の中のお金が減ったわけではない、ということです。実体経済では少しずつお金は増え続けていますが、株式市場ではお金が増えるのではなく移動すると考えるとよいと思います。
　金融資産というのは「不利なもの（利益が期待できないもの）から、有利なもの（利益が期待できるもの）に流れる」性質がありますので、「有利なもの」でも値が高くなり過ぎると「不利なもの」に変わってしまいます。すると、今まで資金が流れ込んで高値を追い続けていた有利だった銘柄は一転して適正値まで、一時的にはそれを割り込んで下落することもあるのです。
　もし株式市場に投入されるお金が永久に増え続けるのであれば、少

しぐらい高くても「今買っておかないと買えなくなってしまう」ことになりますが、実際はそうではないということを認識しておいてください。そして、全体の自然な流れに逆らわない投資を心掛けてください。そのことが大事なのです。

## 2　バーゲンセールで優良株をゲットしよう

　ところが現実には多くの個人投資家が、株価が上がると「早く買わないと永久に買えなくなってしまうのではないか」と考え、逆に安くなると「早く売らないと無価値になってしまうのではないか」といった強迫観念に駆られて、高くなれば買いに走り、安くなれば売ってしまうといった逆の行動をとってしまうのです。こうして慌てて売りに走る投資家によって、優良銘柄までもが適正値を大きく割り込んだ株価まで下落することがあります。最近の例では、影響は限定的だったようですがライブドアショックでもこのような投資家行動が見られました。
　しかし、冷静な投資家からすれば、こういう一般的な心理状態を突いたときに思わぬチャンスが訪れます。
　適切な投資（銘柄選びと適正値での買値）さえ心がけていれば暴落時に持ち株の急落に慌てることもありません。それどころか狙っていた優良銘柄のバーゲンセールになる可能性があるのです。まさに、千載一遇のチャンス到来です。
　そのときに慌てず冷静に、前もって作っておいた投資候補銘柄が適正値に到達しているか確認してください。そして、このチャンスをものにしてください。

## 重要コラム
## 投資の名人とは

　バブルで株式相場が暴落する前に利益を確定して、その資金を利回りの高くなった国債などに移動させていた人たち。その後の段階的な金利引き下げのたびに、債券価値はどんどん上がり利益が膨らんでいきました。投資の達人は上昇相場だけでなく、下落時でもしっかり資産を増やしているのです。

※バブルから崩壊へ──私の投資活動
　私自身も１９８９年のバブル絶頂期の前に株はすべて売却しており、その資金のほとんどで満期が残り１～２年程度の転換社債を購入しました。その後、株は最後の仕上げとなる投機的な値上がりをしたわけですが、私が買っていた転換社債にも５割程度の利益が出たものもあり、株価大暴落による被害もほとんど受けずにバブルの頂点まで投資活動を続けることができました。
　しかし、その後の長い株式相場の下落期間では、転換社債も値を下げ満期償還するまで待たざるをえず、ほとんど利益を上げることはできませんでした。ぜいたくと言われるかもしれませんが、このとき１０年国債を買っていればよかったと悔やんでいます。
　下げ相場の終盤には額面１００円の残存期間２～３年の転換社債が７０円とか８０円の値段をつけていたので、これらを買い１００円近くまで戻った時点で売却して利益を得ていました。その頃になると、東証１部の平均ＰＢＲも１倍に近づいてきて、適正値以下の銘柄が山ほど見つかるようになったので、資金は１００％株式にふり向けました。そして、現在に至っています。

《参考》
◆バブル崩壊後の株価の推移について

参考までに、東証1部の代表的な会社のバブル期の高値、その後の安値及びバブル期の高値を更新するのに要した年数などを見てみましょう（株式分割銘柄は調整済みです）。

優良な成長株は1～10年でバブル期の高値を更新しましたが、景気変動株は16年経過した今でも低迷しているものがあります。

|  | バブル期の高値 | その後の安値 | バブル期高値更新要年数 | その後の高値（2005.11迄） |
|---|---|---|---|---|
| 武田薬品 | 3345円（1987.4） | 980円（1992.4） | 約10年（1997.7） | 8080円（2000.4） |
| 新日鉄 | 984円（1989.2） | 119円（2002.11） | ― | 457円（2005.9） |
| キーエンス | 12499円（1991.6） | 3108円（1992.8） | 約6年（1997.5） | 43650円（2000.4） |
| トヨタ | 2428円（1989.10） | 1260円（1992.3） | 約7年（1996.6） | 6080円（2005.11） |
| キャノン | 2040円（1989.10） | 1200円（1990.11） | 約6年（1996.1） | 6870円（2005.11） |
| セブンイレブン | 2392円（1990.1） | 1394円（1990.10） | 約1年（1991.夏頃） | 18290円（1999.11） |
| 東京電力 | 9140円（1987.4） | 2005円（2002.11） | ― | 2950円（2005.9） |

また、先のバブル崩壊による株価大暴落で、個々の株価がどの水準まで下がったかを調べたところ、次のような結果となりました。東証2部や新興市場の銘柄はデータがないので、どの程度下がったかわかりませんが、少なくとも東証1部銘柄については、PER15倍近辺がある程度の歯止めになっていることがわかりました。つまり、優良な成長株に適正値以下で投資していれば、仮に大暴落を回避できなかったとしても、さほど恐れる必要はないということが結論として出てきます。

## バブル後最安値時の連結PERと株価回復状況（2004年6月までの株価）

注）1株利益、BPSは1年間前後している場合があります。したがって、PERなどは正確なものではありません。
注）銘柄は東証1部上場会社からランダムに抽出しました。

| 銘柄コード | 銘柄 | 年月 | バブル後最安値 | 1株利益 | PER | BPS | 年月 | その後の最高値 | 1株利益 | PER | BPS |
|---|---|---|---|---|---|---|---|---|---|---|---|
| 2282 | 日本ハム | 1990.09 | 1,080 | 41.0 | 26.3 | | 1998.05 | 1,909 | 36.4 | 52.4 | 937 |
| 2811 | カゴメ | 1998.01 | 601 | 26.1 | 23.0 | | 1999.09 | 1,275 | 23.9 | 53.3 | 568 |
| 3401 | 帝人 | 1997.12 | 220 | 11.7 | 18.8 | 332 | 2001.06 | 759 | 17.6 | 43.1 | 354 |
| 3591 | ワコール | 1992.08 | 720 | 39.9 | 18.0 | | 1996.07 | 1,540 | 45.5 | 33.8 | |
| 4005 | 住友化学 | 1998.01 | 227 | 13.6 | 16.7 | 183 | 1999.10 | 717 | 12.4 | 57.8 | 201 |
| 4062 | イビデン | 1995.06 | 485 | 17.3 | 28.0 | | 1997.10 | 2,500 | 37.9 | 66.0 | 584 |
| 4507 | 塩野義 | 1997.12 | 514 | 38.1 | 13.5 | 641 | 2001.05 | 2,890 | 36.3 | 79.6 | 823 |
| 4528 | 小野薬 | 1997.12 | 2,000 | 202.5 | 9.9 | 1658 | 1999.05 | 5,290 | 225.8 | 23.4 | 2025 |
| 5463 | 丸一鋼管 | 1992.08 | 1,000 | 83.0 | 12.0 | | 1996.04 | 2,220 | 71.0 | 31.3 | |
| 5944 | 日立粉末 | 1992.08 | 379 | 37.1 | 10.2 | | 2000.07 | 1,440 | 44.4 | 32.4 | 675 |
| 6273 | SMC | 1992.11 | 1,680 | 110.7 | 15.2 | | 2000.02 | 24,100 | 249.4 | 96.6 | 3825 |
| 6367 | ダイキン | 1997.12 | 461 | 25.2 | 18.3 | 542 | 2004.06 | 2,965 | 108.2 | 27.4 | 895 |
| 6816 | アルパイン | 1992.11 | 760 | 29.9 | 25.4 | | 1994.07 | 2,340 | 53.3 | 43.9 | |
| 6902 | デンソー | 1992.03 | 1,210 | 72.7 | 16.6 | | 1997.05 | 3,280 | 81.7 | 40.1 | 1110 |
| 6925 | ウシオ電機 | 1992.08 | 426 | 11.8 | 36.1 | | 2000.07 | 3,170 | 60.6 | 52.3 | 627 |
| 6954 | ファナック | 1992.08 | 2,700 | 129.2 | 20.9 | | 1999.12 | 14,900 | 180.2 | 82.7 | 2402 |
| 7267 | ホンダ | 1992.07 | 1,100 | 66.6 | 16.5 | | 2002.05 | 5,990 | 372.2 | 16.1 | 2642 |
| 7269 | スズキ | 1990.10 | 520 | 38.3 | 13.6 | | 1999.06 | 2,265 | 55.6 | 40.7 | 906 |
| 7272 | ヤマハ発 | 1992.80 | 508 | 40.1 | 12.7 | | 2004.06 | 1,699 | 157.7 | 10.8 | 908 |
| 7733 | オリンパス | 1995.06 | 670 | 11.7 | 57.3 | | 2003.08 | 3,080 | 91.9 | 33.5 | 843 |
| 7734 | 理研計器 | 1999.12 | 310 | 23.9 | 13.0 | 526 | 2004.06 | 640 | 47.9 | 13.4 | 669 |
| 7751 | キャノン | 1990.11 | 1,200 | 78.3 | 15.3 | | 2003.09 | 6,210 | 313.8 | 19.8 | 2121 |

| 7912 | 大日本印刷 | 2003.04 | 1,007 | 37.8 | 26.6 | 1271 | 2004.03 | 1,759 | 71.5 | 24.6 | 1348 |
| 7974 | 任天堂 | 1995.06 | 4,470 | 294.0 | 15.2 | | 2000.02 | 26,400 | 395.7 | 66.7 | 5347 |
| 8058 | 三菱商事 | 1998.10 | 577 | 30.4 | 19.0 | 644 | 2004.04 | 1,283 | 73.7 | 17.4 | 782 |
| 8151 | 東陽テクニカ | 1992.08 | 454 | 15.5 | 29.3 | | 2000.07 | 3,650 | 93.1 | 39.2 | 864 |
| 9104 | 商船三井 | 1997.10 | 138 | 7.6 | 18.2 | 124 | 2004.06 | 577 | 46.1 | 12.5 | 185 |
| 平均 | | | | | 20.2 | | | | | 41.2 | |

# 付録

# ■お金持ち村へ続く道には、
## 　７つの順守標識があります

### ■余裕資金で行う
・少なくとも５年以内は使う予定がない資金で、借金は絶対にしない。
・信用取引も証券会社からの借金と同じ（下がった場合、追証によって精神的に追いつめられる）。
・空売り、オプション取引は破滅への最短コース。

### ■テクニカル指標は結果
・多くの人が目安にはしているが例外も多いので、参考程度にして１００％は信じない。
・株価は短期ではチャートの影響を受けることがあるが、長期では収益を元に動いている。

### ■人気株への投資は禁物
・すでに割高になっている可能性が高い。

### ■投資信託は要注意
・値上がりするにしても、値下がりするにしても、ＴＯＰＩＸなどのベンチマーク（目標としている指数）より良ければ成績が良い、と考えて運用しているところが多いと言われている。

### ■デイトレ、短期売買はしない
・世間で出版されている「何億円儲けた」話を鵜呑みにしない。

・「損失の95％は5％のトレードからもたらされる」と言われていることを肝に銘じる。
・どうしてもしたいときは、選定優良銘柄でボックスの動きをしている銘柄を下で買い、上で売る手法で行うとよい。


## ■推奨銘柄を信じない
・有名なアナリストや証券マンによる推奨銘柄は、それぞれの思惑があったりして、買ったとたん下げに転じたりすることがよくある。
・彼らには彼らの事情があり、鵜呑みにしないこと。


## ■外国株には手を出さない
・日本の銘柄の財務内容等を検討するのも大変なのに、情報の少ない外国の株を買うなどもってのほか。やっと上昇基調に入った日本の株をじっくり検討して投資することが安全なお金持ちへの道。

## ■ 業界事情

　日経新聞の個別企業や業界の記事などを読み続けていると、各業界の問題点や成長性などが自然にわかるようになってきます。
　ただ、一部には憶測記事等もあると聞いております。ですから、重要な記事はその会社の広報担当に直接確認したほうがよいと思います。電話で「株主ですが…」と言えば、インサイダー取引にふれるような内容以外は快く教えてくれます。
　以下は私なりにまとめた各業界に対するコメントです。

◎建設・不動産・橋梁
　先の不動産バブルで抱えた不動産の含み損・債務保証などに注意が必要です。地価下げ止まりや不動産投資信託の普及の影響で民間工事の拡大は当面期待できそうですが、自民党が小さな政府を目指しているため、今後も公共工事縮小の影響を受ける可能性大です。

◎設備工事
　下請け的。

◎住宅機器
　住宅着工数に左右される。

◎食品
　コマーシャルの影響大。単品を製造している会社は食中毒等が発生した場合のリスク大。

◎ビール
　酒税により外国のビールが規制されている。

◎食品素材（砂糖等）
　関税により保護されている。

◎繊維
　中国品などの影響が大きい。

◎化学
　石油化学製品、繊維原料などは、市況によって業績が左右されるところが大きい。

◎医薬品
　世界の製薬市場は６０兆円。米国が半分で日本は１割のシェアを占め、世界市場は成長している。
　米国ではベビーブーマーが高齢化を迎える中、今後１０年間は８％程度の成長が見込まれている。
　中国に関しては、参天製薬・ロート製薬などが点眼薬の販売を開始しており、ほかの大衆薬メーカーも参入を検討している。
　薬価については、米国の場合は自由に決められるが、日本の場合、今後公定価格引き下げ・ジェネリック（後発）医薬品の影響が出てきそうである。
　武田薬品など大手製薬会社の主力製品が２０１０年前後から続々と特許切れを迎え、各社ともこれに代わる柱の新薬などを開発しているものの、当局の認可のハードルが高くなっており、これらが今後各社の業績にどう影響するかが懸念される。特に米国などでは、特許切れと同時に、成分が同じ「ジェネリック医薬品」が一気に広がり、特許切れ医薬品の売上高は５分の１程度にまで減少するとも言われている。
　また、日本ではジェネリック医薬品は新薬より３０％低い金額に設定され、年を追うごとに価格は下がる傾向にあるらしい。２００３年度の医療用医薬品市場でジェネリック医薬品の数量ベースのシェアは日本が１６％なのに対して米英では５０％を超えているとのことである。

副作用問題では、２００５年８月米メルクは消炎鎮痛剤「バイオックス」の訴訟で２．５３億ドルの賠償金支払いを命じられた。同様の訴訟が約４２００件起こされており、その負担額が１８０億ドルに膨らむとの予測もある。

◎医療材料
　内外価格差及び公定価格引き下げの問題がある。

◎医療機器
　生活水準向上中のアジアなどへの世界展開が成長要因か。

◎臨床試験
　インドなどの臨床試験の攻勢にどう立ち向かうかが課題。

◎健康食品
　他業種企業が既存の販売ルートを利用して参入している。

◎化粧品
　国内市場は飽和状態で競争激化。世界展開が成長要因となる。

◎石油
　代替エネルギー登場で、今後売上げにどう影響するかという問題がある。多額の設備資金などを必要とするので参入のハードルは非常に高い。

◎タイヤ
　原油価格や原料の天然ゴム価格の業績への影響が大きい。

◎鉄鋼
　業績は需給関係によるところが大きい。特に汎用品は中国品などの影響を受ける。

◎非鉄
　業績は需給関係によるところが大きい。

◎機械・道具
　設備投資の循環的なものに左右される。他社が画期的な新製品を出すと突然売れなくなるので複数の主力製品を有する大企業が安全。ローテク設備機械は参入のハードルが低く競争激しい。

◎パチンコ機メーカー
　新機種を出しても認可されないリスクがある。

◎電機・精密
　新しい画期的な商品・技術などが開発されれば、古いものは突然お払い箱になるリスクがある。電機業界では、複数の主力製品を有する大企業が安全だが、販売価格が大手小売店にコントロールされているため、新製品もあっという間に値下がりする。さらに国内でパソコンをネット販売していた米デル社が薄型テレビのネット販売も始める意向を表明するなど、国内でも外資との競合にさらされつつある。

◎半導体
　循環の波が大きく、資本投下が非常に大きい。過剰在庫は二束三文。

◎複写機
　現在寡占状態。専用カートリッジ、トナーなど消耗品の収益が大きい。

◎ロボット
　２００４年５月の経済産業省策定の「新産業創造戦略」でロボット産業は、市場規模が２０１０年に約１．８兆円、２０２５年には約６．２兆円になると見込まれている。

◎自動車用ライト
　白色ＬＥＤにとって代わられる。

◎自動車
　今や日本の基幹産業であり、日本車の海外生産は国内生産と肩を並べるまでになっている。国内では成熟産業という見方もあるが、海外では急ピッチで市場が拡大しており、技術力を有する企業は世界展開でどんどん伸びていく状況にある。トヨタの渡辺社長は「自動車の恩恵に浴しているのは全世界の３０％程度の人にすぎない。自動車保有台数については、１９９０年の５．７億台が、２０１０年には１０億台規模に増えるのではないか」と述べている。

◎自動車部品
　技術力のある大手自動車メーカー傘下の部品メーカーは技術の蓄積という面からも有望。ただ、将来、燃料電池車などが主流になれば、クラッチ・エンジン部品などのメーカーは受注大幅減のリスクがある。

◎事務用品
　メーカー間での製品差別化が行われにくく、値引き競争が激しい。

◎専門商社
　代理店契約解消などのリスクがある。

◎小売
　果てしなく参入・淘汰が続く業界であるため、ひとことで言って、時代の変化にうまく対応できる優れた経営者がいることが絶対条件となる。
　メーカーとの力関係などで価格交渉力があり、プライベートブランド立ち上げ等の差別化が期待できるトップ企業が有利である。チェーン展開などで毎年成長している企業は、既存店の売上げが伸びている間は大丈夫とも言われているが、売上げ減少が目立ってきたら要注意

である。
　また、新しい業態の成長過程の企業は、拡大の時期が終わり、売上げが頭打ちになればそれ以上伸びないケースが多い。
※小売の輪の理論：当初は低サービス、低マージンを特徴として出発した新業態は、やがて模倣者が現れるため次第に高サービス、高費用、高マージン、高価格の業態へと格上げを余儀なくされる。そして、次の新業態から低価格のチャレンジを受けて、とって代わられる。

◎家電量販店
　商品での差別化が難しい。価格競争力で勝敗が決まる。最近ではポイント制を採用して実質的に値引きをしている店が多いが、今後は貯まったポイントの利用が業績にどう影響してくるかが懸念材料。

◎書店
　値段の自由化、ネット取引等で過当競争。

◎外食
　外食産業は「顧客の飽き」との戦いを強いられるので、5年で改装などの新鮮味をださないと寿命がくるとも言われている。食中毒、BSE、SARS、鳥インフルエンザ、原料値上げの問題もあり、投資先としてはいまひとつである。

◎玩具
　少子化の影響が徐々に出てくる。

◎メガネ
　フレームのメッキ技術が人材とともに中国に流出、低価格メガネが増加している。

◎百円ショップ
　人民元切り上げがあると、苦しくなる。

◎**映画・音楽ソフトレンタル店**

　ｉＰＯＤなどの音楽配信によって、その影響がどう出るか。

◎**金融**

　銀行・保険の２００１年相互参入解禁による競争激化。金融機関は欲に駆られて自分を見失わない経営者が必要。消費者金融、クレジットカード及び信販のキャッシングサービスの借入れ総額に上限を設け、金利の上限を下げる改革案が０７年改正の貸金業規制法に盛り込まれる予定。

◎**保険**

　銀行・保険の２００１年相互参入解禁による競争激化。外資参入による影響。

◎**リース**

　国際会計基準にあわせ、貸借対照表に資産として計上することが検討されている。もし、そうなると上場企業のユーザーはリースをやめて、買い取りを選ぶところが出てくるかも知れない。今後、税務上の取り扱いがどうなるかがポイント。

◎**不動産ファンド**

　ＲＥＩＴの総資産に占める借入れ比率は現状４０～５０％程度であり、利回りについては、１０年物国債の利回りプラス２％が目安となっている。したがって、金利上昇が収益に与える影響は非常に大きい。また、不動産価格が上昇すれば新規物件の購入が難しくなり収益は悪化するが、賃料が上がれば逆に追い風となる。その他リスクとしては、違反建築があった場合の問題や建物が古くなると家賃収入が減るケースが多い点などが考えられる。

◎**駐車場**

　駐車違反取締り強化で売上げが増える。

◎陸運
　排ガス対策でコスト増。

◎航空事業
　設備投資が大きすぎ、新幹線などとの競争もあるため利益が出にくい。SARSや鳥インフルエンザ、テロなどが発生すれば、一時的に影響を受ける。

◎海運
　業績は世界の海上運賃マーケット次第。

◎ITソフト会社
　企業向けソフト会社は現在将来ともサービスのニーズがわからない。ITは成功するかどうかは別にして、参入が容易。

◎ゲームソフト
　毎年数百本のソフトが作り出されるがヒットは極めて少ない。ただ、一度ヒットすれば数百万本の売上げが可能になる。作品数が多ければ、それだけヒット作が出る確率が高くなるので、資金力のある企業が有利。

◎映画
　作品の製作資金を投資家から集め、興行収入に応じて配当する映画ファンドが広がってきている。低リスク、低コストで製作できるので、業績安定にもつながると思われる。アニメ製作会社の参入がある。

◎通信
　２００６年夏以降２０―３０社が携帯電話サービスに参入の見通し。参入企業は独自ブランドの電話機販売や有料コンテンツ配信により通話料引き下げが予想される。

◎**テレビ放送**
　テレビの地上デジタル放送による多チャンネル化の影響がどう出るか。

◎**テレビアニメ**
　ヒット本数は3割あればいい方とか。投下資金が大きいとヒット本数が増えるらしい。しかし国内の放送枠は飽和状態。

◎**電力**
　電力自由化の影響がどう出るか？

◎**レコード会社**
　ネットの音楽配信で今後どんな影響が出るか？

◎**カラオケ店**
　若者の音楽嗜好の変化に影響される。

◎**教育**
　小さい学習塾の犠牲の下に成長する。現在ゆとり教育が追い風になっているが、いずれ少子化の影響があらわれる。


◆**今後成長が期待される業界・企業**
　将来、日本の少子高齢化により内需関連企業は徐々に需要が減り、マイナス成長となるところが増えると予想されます。一方外需関連企業は人口の多い中国、インドなどの生活水準向上によって大幅な需要増が期待されます。技術の蓄積を要する高度な製品を開発し、技術流出の心配がない企業や生産性向上につながる製品開発をする企業などが有望です（終身雇用制は技術流出予防になる）。
　また、環境や健康や防犯関連も有望です。具体的には次のような業界企業が挙げられます。

自動車関連企業
デジタル複写機
センサー
ロボット
医薬品・医療機器
太陽光発電
セキュリティ
その他高度な素材・部品を製造する企業

## 成長率の計算（巻末資料）

持ち株の成長率を計算する場合、正確には次の式を使います。そうしないと、期間の途中で前期比減益の年があった場合、数字がかなり変わってしまいます。

> 成長率＝（現在の利益÷ｎ年前の利益）の（１÷ｎ年）乗－１

マイクロソフトのエクセルで計算する場合は、

> ＝（現在の利益／ｎ年前の利益）＾（１／ｎ）－　１

という式を使えば簡単に計算できます（別表の早見表を参照すれば簡単に計算可能です）。例えば、次のような場合、４年間で、年平均約１３．６％の成長率となります。

現在の利益　　　５０億円
１年前の利益　　４５億円
２年前の利益　　４０億円
３年前の利益　　３５億円
４年前の利益　　３０億円

（５０÷３０）の（１÷４）乗　－　１　＝　１３．６％

また、利益については純利益を使うと、土地の売却益とか株の売却損益など余分なものが含まれているケースがあるので、経常利益を使うほうが実態に合っていると思います。さらに注意しなければならないのは、利益の総額は伸びているが、１株利益があまり伸びていないというケースです。会社が公募増資とか第三者増資を実施して集めた

資金を基に事業を拡大して利益を増やしていったり、転換社債が株に転換されたりした場合にこういうことが起こります。

すなわち増資や転換社債で株数が大きく増えた場合、将来の株価を予測するにあたっては、成長率を低めに調整して計算する必要があるということです。

年間成長率早見表
経常利益伸び率（Z倍）の計算式
Z＝最近年度経常利益÷（　）年前経常利益
（参考までに年間成長率はZ^（1÷年数）－1で計算しています）

## 6年間成長率早見表

| Z | 成長率 | Z | 成長率 | Z | 成長率 |
|---|---|---|---|---|---|
| 1.34 | 5.0% | 1.94 | 11.7% | 2.54 | 16.8% |
| 1.36 | 5.3% | 1.96 | 11.9% | 2.56 | 17.0% |
| 1.38 | 5.5% | 1.98 | 12.1% | 2.58 | 17.1% |
| 1.40 | 5.8% | 2.00 | 12.2% | 2.60 | 17.3% |
| 1.42 | 6.0% | 2.02 | 12.4% | 2.62 | 17.4% |
| 1.44 | 6.3% | 2.04 | 12.6% | 2.64 | 17.6% |
| 1.46 | 6.5% | 2.06 | 12.8% | 2.66 | 17.7% |
| 1.48 | 6.8% | 2.08 | 13.0% | 2.68 | 17.9% |
| 1.50 | 7.0% | 2.10 | 13.2% | 2.70 | 18.0% |
| 1.52 | 7.2% | 2.12 | 13.3% | 2.72 | 18.1% |
| 1.54 | 7.5% | 2.14 | 13.5% | 2.74 | 18.3% |
| 1.56 | 7.7% | 2.16 | 13.7% | 2.76 | 18.4% |
| 1.58 | 7.9% | 2.18 | 13.9% | 2.78 | 18.6% |
| 1.60 | 8.1% | 2.20 | 14.0% | 2.80 | 18.7% |
| 1.62 | 8.4% | 2.22 | 14.2% | 2.82 | 18.9% |
| 1.64 | 8.6% | 2.24 | 14.4% | 2.84 | 19.0% |
| 1.66 | 8.8% | 2.26 | 14.6% | 2.86 | 19.1% |
| 1.68 | 9.0% | 2.28 | 14.7% | 2.88 | 19.3% |

| | | | | | |
|---|---|---|---|---|---|
| 1.70 | 9.2% | 2.30 | 14.9% | 2.90 | 19.4% |
| 1.72 | 9.5% | 2.32 | 15.1% | 2.92 | 19.6% |
| 1.74 | 9.7% | 2.34 | 15.2% | 2.94 | 19.7% |
| 1.76 | 9.9% | 2.36 | 15.4% | 2.96 | 19.8% |
| 1.78 | 10.1% | 2.38 | 15.5% | 2.98 | 20.0% |
| 1.80 | 10.3% | 2.40 | 15.7% | | |
| 1.82 | 10.5% | 2.42 | 15.9% | 3.82 | 25.0% |
| 1.84 | 10.7% | 2.44 | 16.0% | 4.82 | 30.0% |
| 1.86 | 10.9% | 2.46 | 16.2% | 6.06 | 35.0% |
| 1.88 | 11.1% | 2.48 | 16.3% | 7.52 | 40.0% |
| 1.90 | 11.3% | 2.50 | 16.5% | 9.28 | 45.0% |
| 1.92 | 11.5% | 2.52 | 16.7% | 11.38 | 50.0% |

# ■ 財務諸表　バランスシートと用語説明

【資産の部】
◎**流動資産**
　１年以内に回収される資産のこと。

◎**固定資産**
　企業が長期間にわたって使用する資産のことで、土地建物などの有形固定資産や無形固定資産、投資（子会社・関連会社の株式など）その他の資産などを指す。

【負債の部】
◎**流動負債**
　１年以内に支払い期限がくる借入金。

◎**固定負債**
　支払い期限が１年以上の負債のこと。

【資本の部】
◎**資本金**
　株主からの出資払込金。

◎**剰余金など自己資本**
　「資産」から「負債」を差し引いた金額のことであり、株主からの出資金と企業の利益の蓄積からなる。

## 貸借対照表

**(資産の部)**

1) 流動資産
◎現金
◎売掛金及び受取手形
◎有価証券
◎たな卸し資産
◎その他

2) 固定資産
◎有形固定資産(建物や土地)
◎無形固定資産(特許権)
◎投資その他の資産

**(負債の部)**

1) 流動負債
◎買掛金及び支払手形
◎未払金
◎短期借入金や1年以内償還予定の長期借入金
◎短期の引当金

2) 固定負債
◎長期の引当金
◎長期借入金や社債

**(資本の部)**

1) 資本金
2) 剰余金など自己資本

# ■財務諸表　損益計算書と用語説明

◎**売上高**
商品を販売したときの販売高。

◎**売上原価**
売り上げたものを買ったときの原価など。

◎**売上総利益**
売上高から売上原価を引いたもの（粗利益）。

◎**「販売費および一般管理費」**
販売・一般管理業務で発生した人件費、販売手数料、広告宣伝費、運搬料、交際費、旅費、光熱費等のこと。

◎**営業利益**
売上総利益から販売費・一般管理費を引いたもの。

◎**営業外収益**
本業以外での儲けのこと。定期預金の受取利息、流動資産に計上している株式の受取配当金・売却益・含み益、不動産賃貸料など。

◎**営業外費用**
本業以外で支払った費用のこと。借入金の支払利息、社債利息、流動資産に計上している有価証券の売却損など。

◎**経営利益**
営業利益（本業での儲け）に本業以外の損益を加えたもの。

## 損益計算書

自　平成×年×月×日　　至　平成×年×月×日

1）売上高　　　　　　　　　　　　　　××
2）売上原価　　　　　　　　　　　　　××
　　売上総利益（または売上総損失）　　××
3）販売管理費および一般管理費　　　　××
　　（省略）
　　営業利益　　　　　　　　　　　　　××
4）営業外収益　　　　　　　　　　　　××
　　（省略）
5）営業外費用　　　　　　　　　　　　××
　　（省略）
　　経常利益　　　　　　　　　　　　　××
6）特別利益　　　　　　　　　　　　　××
　　（省略）
7）特別損失　　　　　　　　　　　　　××
　　（省略）
8）**税金等調整前当期純利益**　　　　××
9）**当期純利益**　　　　　　　　　　××

◎**特別利益**
　事業展開上、通常なら発生しない例外的（臨時的）に発生した利益のこと。固定資産売却益や固定資産に計上している株式の売却益など。

◎**特別損失**
　固定資産に計上している株式などの売却損、災害損失など本業以外の臨時支出。

◎**税金等調整前当期純利益**
　経常利益に特別利益を加え、特別損失を差し引いた利益。

◎**当期純利益**
　税金等調整前当期純利益から税金等を差し引き、さらに少数株主利益も差し引いた利益。すなわち、税引き後の当期の儲けの額。

# ■ 用語解説

## 【あ行】

◎インサイダー取引：まだ公表されていない会社の内部情報によって株式の売買を行うこと。証券取引法において規制されている。

◎売上原価：売り上げたものを買ったときの原価など。

◎売上高：商品を販売したときの販売高。

◎営業外収益：定期預金の受取利息、流動資産に計上している株式の受取配当金・売却益・含み益、不動産賃貸料など。

◎営業外費用：借入金や社債の支払利息、流動資産に計上している株式の売却損・含み損など。

◎追証（おいしょう）：信用買いをした銘柄の株価が下落して、その銘柄に一定の含み損が生じた場合などは、投資家は証券会社から追加の保証金を要求されることになる。これを追証という。

◎大型株・小型株：発行済み株式数が2億株以上の企業を大型株、６０００万株未満を小型株と定義している。その中間は中型株と呼ばれている。

◎大底：相場のもっとも低いところ、逆に相場のもっとも高いところは大天井という。

◎オプション取引：ある商品を将来の一定期日までに、特定の価格

（権利行使価格）で買う権利、あるいは売る権利を売買する取引のこと。買う権利はコール・オプション、売る権利はプット・オプションと呼ばれている。

◎ＥＰＳ：「Earnings Per Share」の略で、１株当たりの純利益のこと。

◎Ｍ＆Ａ：「Merger and Acquisition」の略で、企業の合併・買収のこと。

## 【か行】

◎株価指標：株式が割安か割高かなど個別企業の状況を判断するときにもちいる尺度のこと。例えばＰＥＲ、ＰＢＲ、ＲＯＥなど。

◎株式公開：株式を上場すること。

◎株式交換：会社が別の会社を１００％子会社にするため、相手の会社の株主から現金で株を買うのではなく、相手の会社の株と自社の株を交換する方法。

◎株式分割：１株を何株かに分割して株式数を増やすこと。一般的には株式の流動性を高め、一定の株主数を確保することにより、上場廃止を避ける目的で実施されることが多い。例えば１株を２株に分割すれば、株価が半額になり投資家も買いやすくなって株主数も増えることになる。この場合、１０００株保有していた人の持ち株は自動的に２０００株になる一方、１株利益や１株純資産は自動的に半分に減ることになる。

◎空売り：信用売りのことで、借りてきた株券を用いて売却を行い、将来株価が下落（上昇）した時点で買戻しを行って利益（損失）を出

す取引。

◎機関投資家：生命保険、損害保険、信託銀行、投資信託、年金信託などの法人投資家を指す。

◎経常利益：営業利益に営業外収益を加え営業外費用を差し引いた利益。

◎景気循環株：紙パルプ・化学・非鉄・鉄鋼などの素材産業や工作機械メーカーなどの設備投資関連株のことで、業績が景気に左右され、好況時と不況時の利益では数倍の差が出ることも珍しくない。

◎罫線：株価の動きをグラフ化したものでチャートの一種。

◎景気変動株：（モー流＝わたし流定義ですが）業績が景気の影響を受けやすい株のこと。

◎減資：資本金を減らすこと。投資家の持ち株数などが減らされたりする。

◎減損処理：土地、建物、機械装置、運搬具などの固定資産の時価が簿価を大幅に下回る場合、すなわち大きな含み損がある場合に、簿価を時価まで下げることになり、下げた分を損益計算書において損失として処理すること（但し、含み益がある資産は簿価のままとなる）。

◎公定歩合：日本銀行が、都市銀行・地方銀行などに貸し付けるときに適用する金利のこと。

◎公募価格：公募（募集）の際の株式の発行価格。

◎公募増資：時価を基準にした価格で新株を発行し、一般株主に買ってもらうこと。

◎固定資産：貸借対照表の資産の部のひとつ。企業が長期間にわたって使用する資産のことで、土地建物などの有形固定資産や無形固定資産、投資（子会社・関連会社の株式など）その他の資産などを指す。

## 【さ行】

◎財務諸表：損益計算書と貸借対照表、キャッシュフロー計算書等を指す。

◎債務超過：債務の額が資産の額を上回っている状態のこと。つまり純資産がマイナスの状態。債務超過が3年続くと倒産の危機に直面する。

◎残存期間：満期日までの期間のこと。

◎地合い：相場の状況のこと。

◎時価総額：株価に上場株式数（発行済み株式数）をかけた額。

◎自己資本（純資産＝株主資本）：「資産」から「負債」を差し引いた金額のことであり、株主からの出資金と企業の利益の蓄積からなる。

◎仕込み：株を買ったりすること。

◎しこる：動きがとれなくなること。

◎自社株買い：会社が自社の株式を、お金を払って買い戻すこと。自社株買いを行うと、1株当たりの利益が増加するため、株主還元のひとつと言われている。

◎仕手：短期間に特定の銘柄を大量に売買して株価を吊り上げ大きく儲けようとするプロの相場師のこと。

◎四半期決算：1年の4分の1、すなわち会社の「3カ月ごと」の売上・利益の報告のこと。

◎13週移動平均線：過去13週間の週末終値の平均値をグラフにしたもの。

◎純利益：会社が法人税などを払った後に残る最終的な利益のこと。

◎上場会社：株式を公開し、証券取引所で売買されている会社のこと。証券取引所には東証、大証、名証などがあり、それぞれ1部と2部がある。ほかにも新興市場としてジャスダック、マザーズ、ヘラクレスなどがある。

◎少数株主利益：連結子会社の他の株主（個人株主など）の取り分が損失として計上される。

◎信用買残：信用取引で株を買った投資家は、証券会社から借りた買付資金を所定の期限までに返済しなければなりませんが、この未返済の買付資金の量を買残高という。

◎信用取引：証券会社から資金や株券を借りて売買すること。この場合一定の証拠金や株券などを担保として入れる。これに対して、決済日に現金で支払う通常の取引を現物取引という。

◎スクリーニング：一定の条件にあう銘柄を抽出すること。

◎税金等調整前当期純利益：経常利益に特別利益を加え、特別損失を差し引いた利益。

◎成長株：売上、利益とも、ほぼ毎年増え続け、どんどん規模が大きくなっている会社の株のこと。

◎総資本：貸借対照表の自己資本と他人資本（借入金などの負債）を足したもの。総資産ともいう。

◎増配：配当の額を増やすこと。

◎損益分岐点：損益が0になる時の売上高のこと。最初は、固定費（人件費、減価償却費、賃借料など）を回収するために損が出るが、ある時点から売上高が費用を上回るので利益が出る。その時点のこと。

◎損切り：ある銘柄に見切りをつけ、損をして売却すること。

## 【た行】

◎第三者増資：業務提携先や取引先等、特定の者に対して新株を発行すること。

◎貸借対照表：決算期末時点における企業の財政状態の一覧表。バランスシートともいう。「資産」と「負債」「資本」を対照表示した報告書。

◎高値掴み：株価が高値をつけている時に株式を買ってしまうこと。

◎棚卸資産：商品、製品、半製品、仕掛品、原材料などのこと。

◎担保切れ：信用取引を行う場合、証券会社から委託保証金の差し入れを求められるが、この委託保証金を現金でなく株券で代用する場合に、担保として差し入れた株券の株価が下落すると担保不足が生じる。

これを担保切れという。

◎チャート：株価の動きのグラフのこと。

◎出来高：売買される株数のこと。

◎テクニカル指標：移動平均線、株価チャートなど、株価等のパターンを表したもの。

◎転換社債：株式に転換したい場合、あらかじめ定められた条件で株式に転換できる社債のこと。社債のまま保有し続けた場合、通常の債券と同じように定期的に利子を受け取ることができるほか、満期日には元本が返ってくる。別名ＣＢ（Convertible Bond）とも呼ばれている。

◎天井：株価の一番高いところを指す。

◎当期純利益：税金等調整前当期純利益から税金等を差し引き、さらに少数株主利益も差し引いた利益。すなわち、税引き後の当期の儲けの額。

◎投資信託：運用会社が投資家から集めた資金を運用し、その利益（損失）を出資額に応じて投資家に還元するもの。

◎特別損失：固定資産に計上している株式などの売却損、災害損失など本業以外の臨時支出。

◎特別利益：本業以外の臨時収入。不動産売却益、固定資産に計上している株式などの売却益など。

◎ＴＯＢ（公開買付）：「Take Over Bid」の略で、会社の経営権の取得等を目的として、公告によって、不特定多数の株主に対して勧誘を行い、株式市場外で株券等の買付けを行うこと。

◎ＴＯＰＩＸ：東証株価指数といわれ、東証１部のその日の時価総額を基準日の時価総額で割って算出されるもの。

## 【は行】

◎場：株式市場のこと。

◎配当金：株主に分配された利益のこと。

◎初値：新規上場銘柄が、上場して最初につけた値段のこと。

◎販売費および一般管理費：販売・一般管理業務で発生した人件費、販売手数料、広告宣伝費、運搬料、交際費、旅費、光熱費等のこと。

◎ファンド：投資信託のこと。

◎含み損：買った株が値下がりした場合の計算上の損のこと。反対に値上がりした場合の計算上の利益は含み益という。

◎ベンチマーク：目標基準のこと。

◎暴落：相場が急激に大きく下落すること。反対に、急激に大きく上昇することを暴騰という。

◎簿価：帳簿価額の略語で、取得価格のこと。

◎ボックス相場：株価がある一定の幅で上がったり下がったりしている状態のこと。

◎保証債務：借金の保証人が負う債務。

◎ＢＰＳ：「Book-value Per Share」の略。

◎ＰＢＲ：「Price Book-value Ratio」の略。

◎ＰＥＲ（株価収益率）：「Price Earnings Ratio」の略。「株価÷１株純利益」の式で計算。投資資金を１００％回収するのに何年かかるかがわかる。


**【ま行】**

◎持合株：企業買収などから企業を防衛し、経営の安定をはかるために銀行や取引先企業と相互に保有し合う株式のこと。


**【や行】**

◎有価証券報告書：上場会社などが事業年度ごとに、営業及び経理の状況その他の事業の内容に関する重要事項を記載した書類。投資を検討する際に、十分に投資判断ができるような企業情報が盛り込まれている。

◎有利子負債：借入金や社債など、金利をつけて返済しなければならない負債のこと。

## 【ら行】

◎**利食い**：買った株が値上がりした際に売却し、利益を確定すること。

◎**流動資産**：1年以内に回収される資産のこと。

◎**連結決算**：子会社・関連会社を含めた決算のこと。これに対して当該企業のみを対象にした決算を単独決算という。

# おわりに

　最後に、本文中の株価の適正値を計算するときに使うＰＥＲの数字について補足説明したいと思います。
　世界的に見ても割安に放置されていた日本株に外国人マネーが流れ込み、日本株は上昇トレンドに転じたわけです。が、日本の生保などの機関投資家はいまだに先のバブル崩壊の悪夢をひきずっているのか慎重になりすぎていて、本格的に参入できていないのが現状です。もし、彼らが日本株式の保有を増やそうとしてきた場合には、現在の日本の新発国債の金利水準から考えると、ＰＥＲは１５倍ではなく、もっと高くてもおかしくないのではないかと思われます。
　ＰＥＲ１５倍というのは米国などの金利を基準にした数字ですので、今後の日本の機関投資家の動向には注意する必要があります。また日本の機関投資家たちは、今後日本の金利が上昇することによって、債券相場で含み損を抱えることにもなります。さらに、株式市場が上昇していった場合には、日本株式を保有しないリスクが生まれてきますので、本格参入せざるをえない状況になってくるでしょう。

　そうすると、これまでのようにＰＥＲ１５倍にこだわっていると、良い銘柄は見つかっても、適正値まで株価が下がってこないという事態になります。
　そういう意味で今後は、利益成長とともに適正値自体も年々高くなっていく優良成長株に限って、ＰＥＲを２０倍前後にして適正値を計算するなど、リスク許容範囲を広げる柔軟性が必要になってくると思います。
　それでも、過熱時の勢いに乗ってしまって、適正値を大きく超えるような値段では投資しないことを守ってください。
　焦りは禁物。割安な銘柄が現れるまでじっと待つことも必要です。
　また、一旦、素晴らしい成長会社の株を手に入れれば、その事業の成長性自体に疑問が生じない限り、５年でも１０年でも放っておくのが賢明なやり方ではないかと思います。
　くれぐれもどんな状況が起きても安心していられる安全第一の投資を心がけてください。

◆ 実際の株式の売買にあたっては自己責任でお願いします◆

■著者紹介

## モーちゃん

総合商社の三菱商事を１９９８年に準定年退職。その後、親の介護をする傍ら３５年前から副業的にやっていた株式投資に本格的に取り組み、現在では独自で開発した最も安全な投資手法を使い、着実に資産を増やしている。先のバブルでは、絶頂期前に資金を株から転換社債などに移し、株価大暴落の影響をみごとに回避した。

最近の株式投資の運用成績は、
２００２年：　３１％
２００３年：　６４％
２００４年：　１８％
２００５年：　８１％
となっており資産は４年で４．６倍のペースで増えている。趣味は、テニスと読書。
著者メールアドレス：mohdesu@yahoo.co.jp

2006年 7月 3日 第1刷発行

本物バリュー投資の世界へようこそ
## 株の適正値を知ってあなたは株を買っていますか

| | |
|---|---|
| 著　者 | モーちゃん |
| 発行者 | 後藤康徳 |
| 発行所 | パンローリング株式会社 |
| | 〒160-0023　東京都新宿区西新宿7-21-3-1001 |
| | TEL 03-5386-7391　FAX 03-5386-7393 |
| | http://www.panrolling.com/ |
| | E-mail　info@panrolling.com |
| 装　丁 | 竹内吾郎 |
| 組　版 | 株式会社ベイ・イースト・グラフィックス |
| 印刷・製本 | 株式会社シナノ |

RCK66.5

ISBN4-7759-9033-0

落丁・乱丁本はお取り替えします。また、本書の全部、または一部を複写・複製・転訳載、および磁気・光記録媒体に入力することなどは、著作権法上の例外を除き禁じられています。

Ⓒ Mochan 2006　Printed in Japan

**免責事項**
この本で紹介している方法や技術、指標が利益を生む、あるいは損失につながることはない、と仮定してはなりません。過去の結果は必ずしも将来の結果を示したものではありません。この本の実例は教育的な目的のみで用いられるものであり、売買の注文を勧めるものではありません。

**＜2＞ 短期売買やデイトレードで自立を目指すホームトレーダー必携書**

## 魔術師リンダ・ラリーの短期売買入門
リンダ・ラシュキ著

国内初の実践的な短期売買の入門書。具体的な例と豊富なチャートパターンで分かりやすく解説。

定価29,400円（税込）

## ラリー・ウィリアムズの短期売買法
ラリー・ウィリアムズ著

1年で1万ドルを110万ドルにしたトレードチャンピオンシップの優勝者、ラリー・ウィリアムズが語る！

定価10,290円（税込）

## バーンスタインのデイトレード入門
ジェイク・バーンスタイン著

あなたも「完全無欠のデイトレーダー」になれる！
デイトレーディングの奥義と優位性がここにある！

定価8,190円（税込）

## バーンスタインのデイトレード実践
ジェイク・バーンスタイン著

デイトレードのプロになるための「勝つテクニック」や
「日本で未紹介の戦略」が満載！

定価8,190円（税込）

## ゲイリー・スミスの短期売買入門
ゲイリー・スミス著

20年間、ずっと数十万円（数千ドル）以上には増やせなかった"並み以下の男"が突然、儲かるようになったその秘訣とは！

定価2,940円（税込）

## ターナーの短期売買入門
トニ・ターナー著

全米有数の女性トレーダーが奥義を伝授！
自分に合ったトレーディング・スタイルでがっちり儲けよう！

定価2,940円（税込）

## スイングトレード入門
アラン・ファーレイ著

あなたも「完全無欠のスイングトレーダー」になれる！
大衆を出し抜け！

定価8,190円（税込）

## オズの実践トレード日誌
トニー・オズ著

習うより、神様をマネろ！
ダイレクト・アクセス・トレーディングの神様が魅せる神がかり的な手法！

定価6,090円（税込）

## ヒットエンドラン株式売買法
ジェフ・クーパー著

ネット・トレーダー必携の永遠の教科書！ カンや思惑に頼らないアメリカ最新トレード・テクニックが満載!!

定価18,690円（税込）

## くそったれマーケットをやっつけろ！
マイケル・パーネス著

大損から一念発起！ 15カ月で3万3000ドルを700万ドルにした驚異のホームトレーダー！

定価2,520円（税込）

**＜3＞ 順張りか逆張りか、中長期売買法の極意を完全マスターする！**

## タートルズの秘密
ラッセル・サンズ著

中・長期売買に興味がある人や、アメリカで莫大な資産を築いた
本物の投資手法・戦略を学びたい方必携！

定価20,790円（税込）

## カウンターゲーム
アンソニー・M・ガレア＆
ウィリアム・パタロンⅢ世著
序文：ジム・ロジャーズ

ジム・ロジャーズも絶賛の「逆張り株式投資法」の決定版！
個人でできるグレアム、バフェット流バリュー投資術！

定価2,940円（税込）

## オニールの成長株発掘法
ウィリアム・J・オニール著

あの「マーケットの魔術師」が平易な文章で書き下ろした 全米で100
万部突破の大ベストセラー！

定価2,940円（税込）

## オニールの相場師養成講座
ウィリアム・J・オニール著

今日の株式市場でお金を儲けて、
そしてお金を守るためのきわめて常識的な戦略。

定価2,940円（税込）

## オニールの空売り練習帖
ウィリアム・J・オニール著

売る方法を知らずして、買うべからず。売りの極意を教えます！
「マーケットの魔術師」オニールが空売りの奥義を明かした！

定価2,940円（税込）

## ウォール街で勝つ法則
ジェームズ・P・オショーネシー著

ニューヨーク・タイムズやビジネス・ウィークのベストセラー
リストに載った完全改訂版投資ガイドブック。

定価6,090円（税込）

## トレンドフォロー入門
マイケル・コベル著

初のトレンドフォロー決定版！
トレンドフォロー・トレーディングに関する初めての本。

定価6,090円（税込）

## バイ・アンド・ホールド時代の終焉
エド・イースタリング著

買えば儲かる時代は終わった！ 高PER、低配当、低インフレ
時代の現在は、バイ・アンド・ホールド投資は不向きである。

定価2,940円（税込）

## 株式インサイダー投資法
チャールズ・ビダーマン＆
デビッド・サンチ著

利益もPERも見てはいけない！
インサイダーの側についていけ！

定価2,940円（税込）

## ラリー・ウィリアムズの「インサイダー情報」で儲ける方法
ラリー・ウィリアムズ著

"常勝大手投資家"コマーシャルズについていけ！

定価6,090円（税込）

**＜4＞ テクニカル分析の真髄を見極め、奥義を知って、プロになる！**

## 投資苑 ／ 投資苑2
アレキサンダー・エルダー著
ベストセラー『投資苑』とその続編 エルダー博士はどこで
仕掛け、どこで手仕舞いしているのかが今、明らかになる！
定価各6,090円（税込）

## 投資苑がわかる203問
## 投資苑2 Q&A
アレキサンダー・エルダー著
定価各2,940円（税込）

## シュワッガーのテクニカル分析
ジャック・D・シュワッガー著
シュワッガーが、これから投資を始める人や投資手法を
立て直したい人のために書き下ろした実践チャート入門。
定価3,045円（税込）

## マーケットのテクニカル秘録
チャールズ・ルボー＆
デビッド・ルーカス著
プロのトレーダーが世界中のさまざまな市場で使用している
洗練されたテクニカル指標の応用法が理解できる。
定価6,090円（税込）

## ワイルダーのテクニカル分析入門
J・ウエルズ・
ワイルダー・ジュニア著
オシレーターの売買シグナルによるトレード実践法
RSI、ADX開発者自身による伝説の書！
定価10,290円（税込）

## マーケットのテクニカル百科 入門編
ロバート・
D・エドワーズ著
アメリカで50年支持され続けている
テクニカル分析の最高峰が大幅刷新！
定価6,090円（税込）

## マーケットのテクニカル百科 実践編
ロバート・
D・エドワーズ著
チャート分析家必携の名著が読みやすくなって完全復刊！
数量分析（クオンツ）のバイブル！
定価6,090円（税込）

## 魔術師たちのトレーディングモデル
リック・
ベンシニョール著
「トレードの達人である12人の著者たち」が、トレードで成
功するためのテクニックと戦略を明らかに。
定価6,090円（税込）

## ウエンスタインのテクニカル分析入門
スタン・
ウエンスタイン著
ホームトレーダーとして一貫してどんなマーケットのときにも
利益を上げるためにはベア相場で儲けることが不可欠だ！
定価2,940円（税込）

## デマークのチャート分析テクニック
トーマス・
R・デマーク著
いつ仕掛け、いつ手仕舞うのか。
トレンドの転換点が分かれば、勝機が見える！
定価6,090円（税込）

**<5> 割安・バリュー株からブレンド投資まで株式投資の王道を学ぶ！**

## バフェットからの手紙
究極・最強のバフェット本――この1冊でバフェットのすべてが分かる。投資に値する会社こそ生き残る！

ローレンス・A・カニンガム

定価1,680円（税込）

## 賢明なる投資家
割安株の見つけ方とバリュー投資を成功させる方法。市場低迷の時期こそ、威力を発揮する「バリュー投資のバイブル」

ベンジャミン・グレアム著

定価3,990円（税込）

## 新賢明なる投資家　上巻・下巻
時代を超えたグレアムの英知が今、よみがえる！これは「バリュー投資」の教科書だ！

ベンジャミン・グレアム、ジェイソン・ツバイク著

定価各3,990円（税込）

## 証券分析【1934年版】
「不朽の傑作」ついに完全邦訳！　本書のメッセージは今でも新鮮でまったく輝きを失っていない！

ベンジャミン・グレアム＆デビッド・L・ドッド著

定価10,290円（税込）

## 最高経営責任者バフェット
あなたも「世界最高のボス」になれる。バークシャー・ハサウェイ大成功の秘密――「無干渉経営方式」とは？

ロバート・P・マイルズ著

定価2,940円（税込）

## マンガ　ウォーレン・バフェット
世界一おもしろい投資家の世界一もうかる成功のルール。世界一の株式投資家、ウォーレン・バフェット。その成功の秘密とは？

森生文乃著

定価1,680円（税込）

## 賢明なる投資家【財務諸表編】
ベア・マーケットでの最強かつ基本的な手引き書であり、「賢明なる投資家」になるための必読書！

ベンジャミン・グレアム＆スペンサー・B・メレディス著

定価3,990円（税込）

## 投資家のための粉飾決算入門
「第二のエンロン」株を持っていませんか？株式ファンダメンタル分析に必携の書

チャールズ・W・マルフォード著

定価6,090円（税込）

## バイアウト
もし会社を買収したいと考えたことがあるなら、本書からMBOを成功させるために必要なノウハウを得られるはずだ！

リック・リッカートセン著

定価6,090円（税込）

## 株の天才たち
世界で最も偉大な5人の伝説的ヒーローが伝授する投資成功戦略！　[旧題]賢人たちの投資モデル

ニッキー・ロス著

定価1,890円（税込）

**＜6＞裁量を一切排除するトレーディングシステムの作り方・考え方！**

## 究極のトレーディングガイド

トレーダーにとって本当に役に立つコンピューター・トレーディングシステムの開発ノウハウをあますところなく公開！

ジョン・R・ヒル＆
ジョージ・プルート著

定価5,040円（税込）

## マーケットの魔術師　システムトレーダー編

14人の傑出したトレーダーたちが明かすメカニカルトレーディングのすべて。待望のシリーズ第4弾！

アート・コリンズ著

定価2,940円（税込）

## 魔術師たちの心理学

「秘密を公開しすぎる」との声があがった
偉大なトレーダーになるための"ルール"、ここにあり！

バン・K・タープ著

定価2,940円（税込）

## トレーディングシステム徹底比較

本書の付録は、日本の全銘柄（商品・株価指数・債先）の検証
結果も掲載され、プロアマ垂涎のデータが満載されている。

ラーズ・ケストナー著

定価20,790円（税込）

## 売買システム入門

相場金融工学の考え方→作り方→評価法。
日本初！　これが「勝つトレーディング・システム」の全解説だ！

トゥーシャー・シャンデ著

定価8,190円（税込）

## トレーディングシステム入門

どんな時間枠でトレードするトレーダーにも、ついに収益をもたらす"勝つ"方法論に目覚める時がやってくる！

トーマス・ストリズマン著

定価6,090円（税込）

## トレーディングシステムの開発と検証と最適化

過去を検証しないで、あなたはトレードをできますか？
トレーディングシステムを開発しようと思っている人、必読の書！

ロバート・パルド著

定価6,090円（税込）

## 投資家のためのリスクマネジメント

あなたは、リスクをとりすぎていませんか？　それとも、とらないために苦戦していませんか？　リスクの取り方を教えます！

ケニス・L・グラント著

定価6,090円（税込）

## 投資家のためのマネーマネジメント

投資とギャンブルの絶妙な融合！
資金管理のバイブル！

ラルフ・ビンス著

定価6,090円（税込）

## EXCELとVBAで学ぶ先端ファイナンスの世界

もうEXCELなしで相場は張れない！
EXCELでラクラク売買検証！

メアリー・ジャクソン＆
マイク・ストーントン著

定価6,090円（税込）

**＜7＞「相場は心理」…大衆と己の心理を知らずして、相場は張れない！**

# 投資苑（とうしえん）

アレキサンダー・エルダー著

アメリカのほか世界8カ国で翻訳され、各国で超ロングセラー。精神分析医がプロのトレーダーになって書いた心理学的アプローチ相場本の決定版！

定価6,090円（税込）

# 投資苑 2　トレーディングルームにようこそ

アレキサンダー・エルダー著

世界的ベストセラー『投資苑』の続編、ついに刊行！
エルダー博士はどこで仕掛け、どこで手仕舞いしているのか今、明らかになる！

定価6,090円（税込）

# 投資苑がわかる203問

アレキサンダー・エルダー著

初心者からできるトレード3大要素（心理・戦略・資金管理）完全征服問題集！　楽しく問題を解きながら、高度なトレーディングの基礎が身につく！

定価2,940円（税込）

# 投資苑2　Q＆A

アレキサンダー・エルダー著

こんなに『投資苑2』が分かっていいのだろうか！
「実際にトレードするのはQ&Aを読んでからにしてください」
（by エルダー博士）

定価2,940円（税込）

# ゾーン～相場心理学入門

マーク・ダグラス著

マーケットで優位性を得るために欠かせない、新しい次元の心理状態を習得できる。「ゾーン」の力を最大限に活用しよう。

定価2,940円（税込）

# マンガ 投資の心理学

青木俊郎著

頭では分かっているけれど、つい負け癖を繰り返してしまう人へ、投資家心理を理解して成功するための心構えを解説。

定価1,260円（税込）

# 魔術師たちの心理学

バン・K・タープ著

「秘密を公開しすぎる」との声があがった偉大なトレーダーになるための"ルール"、ここにあり！

定価2,940円（税込）

# 株式投資は心理戦争

デビッド・N・ドレマン著

「市場から見放されている銘柄のほうが人気銘柄よりも儲けられる！」――最近実施されたコンピューター調査ではこんな分析結果が出ている！

定価2,940円（税込）

話題の新刊が続々登場！現代の錬金術師シリーズ

## 為替の中心ロンドンで見た。ちょっとニュースな出来事
柳基善著

ジャーナリスト嶌信彦氏も推薦の一冊。
関係者以外知ることのできない舞台裏とは如何に？

定価1,260円（税込）

## 年収300万円の私を月収300万円の私に変えた投資戦略
石川臨太郎著

カンニング投資法で、マネして、ラクして、稼ぎましょう。
夕刊フジにコラム連載中の著者の本。

定価1,890円（税込）

## 潜在意識を活用した最強の投資術入門
石川臨太郎著

年収3000万円を稼ぎ出した現代の錬金術師が明かす「プラス思考＋株式投資＋不動産投資＝幸せ」の方程式とは？

定価2,940円（税込）

## 矢口新の相場力アップドリル　株式編
矢口 新著

A社が日経225に採用されたとします。このことをきっかけに相場はどう動くと思いますか？

定価1,890円（税込）

## 矢口新の相場力アップドリル　為替編
矢口 新著

アメリカの連銀議長が金利上げを示唆したとします。
このことをきっかけに相場はどう動くと思いますか？

定価1,575円（税込）

## 私はこうして投資を学んだ
増田丞美著

実際に投資で利益を上げている著者が今現在、実際に利益を上げている考え方＆手法を大胆にも公開！

定価1,890円（税込）

## 投資家から「自立する」投資家へ
山本潤著

大人気メルマガ『億の近道』理事の書き下ろし。企業の真の実力を知る技術と企業のトリックに打ち勝つ心構えを紹介！

定価5,040円（税込）

## 景気予測から始める株式投資入門
村田雅志著

UFJ総研エコノミストが書き下ろした「超」高効率のトップダウンアプローチ法を紹介！

定価3,465円（税込）

## 株式トレーダーへの「ひとこと」ヒント集
東保裕之著

『株式投資　これだけはやってはいけない』『株式投資　これだけ心得帖』の著者である東保裕之氏が株式トレーダーに贈るヒント集。

定価1,050円（税込）

## 魔術師が贈る55のメッセージ
パンローリング編

巨万の富を築いたトップトレーダーたちの"生"の言葉でつづる「座右の銘」。ままならない"今"を抜け出すためのヒント、ここにあり。

定価1,050円（税込）

**話題の新刊が続々登場！現代の錬金術師シリーズ**

## 先物の世界 相場開眼
鏑木繁著

鏑木氏シリーズ第5弾の本書。本書も相場に必要不可欠な「心理面」を中心に書かれています。

定価1,680円（税込）

## 相場の張り方 先物の世界
鏑木繁著

"鏑木本"で紹介されていることは、投資で利益を上げるようになれば、必ず通る道である。一度は目を通しておいても、損はない。

定価1,260円（税込）

## 先物罫線 相場奥の細道
鏑木繁著

チャーチストはもちろん、そうでない人も、あらためて罫線に向き合い、相場に必要不可欠な"ひらめき"を養ってはいかがだろうか。

定価1,260円（税込）

## 格言で学ぶ相場の哲学
鏑木繁著

相場が上がったら買う、下がったら売る。自分の内に確固たる信念がないと、相場の動きにただついていくだけになる。

定価1,260円（税込）

## 先物の世界　相場喜怒哀楽
鏑木繁著

相場における「喜」とは何か。「怒」とは何か。「哀」とは何か。「楽」とは何か。あなたにとっての「喜怒哀楽」を見つけていただきたい。

定価1,260円（税込）

## 15万円からはじめる本気の海外投資完全マニュアル
石田和靖著

これからの主流は「これからの国」への投資！　本書を持って、海外投資の旅に出かけてはいかがだろうか。

定価1,890円（税込）

## タイ株投資完全マニュアル
石田和靖著

銀行や電力などの優良企業にバリュー投資できるタイは、今後、もっとも魅力的な"激熱"市場なのです。本書を片手に、いざタイ株投資の旅へ!!

定価1,890円（税込）

## 金融占星術入門～ファイナンシャルアストロロジーへの誘い～
山中康司著

国家の行方を占うことから始まった言われる「占星術」の威力を本書でぜひ味わってほしい。

定価1,890円（税込）

**日本の証券・商品投資業界に燦然と輝き続ける"画期的"相場書シリーズ！**

## 最新版 オプション売買入門
株式や先物にはないオプションならではの優位性を使って
利益を上げる実践的オプション売買マニュアル！

増田丞美著
定価5,040円(税込)

## 株はチャートでわかる！
チャートの読み方、儲けるノウハウ、売買システムの
作り方がわかる！　投資ソフトの試用版CD-ROM付

阿部達郎・野村光紀・
柳谷雅之・蔓部音士著
定価2,940円(税込)

## サヤ取り入門
いままでベールに包まれていたサヤ取りの秘密がついに
明かされた！　サヤ取りソフトの試用版CD-ROM付

羽根英樹著
定価本体3,360円(税込)

## 『生き残りのディーリング』決定版
あの名著が決定版になって復活！
リスクとは避けるものでなく、うまく管理するものである。

矢口新著
定価2,940円(税込)

## 最新版 オプション売買の実践
入門書に続き、オプション投資家待望の書が登場！
実践家による「勝てるオプションの実践書」！

増田丞美著
定価6,090円(税込)

## これなら勝てる　究極の低位株投資〜FAI投資法実戦編
マーケットに隠れた本当のお宝を見つける！
"うまい話"をふところに入れるためのFAIの実践ノウハウ。

林知之著
定価2,940円(税込)

## 値上がる株に投資しろ！
良い株が儲かるのではない。儲かる株が良い株だ！
プロの投資家から圧倒的な評価を得る、矢口新の最新刊！

矢口新著
定価2,940円(税込)

## 個人投資家のためのガソリン灯油取引入門
商品マーケットでいちばん人気が高い
ガソリン・灯油についての解説書がついに登場！

渡邉勝方著
定価2,940円(税込)

## デイトレード大学
投資会社のつくり方と節税対策から
プロの日経225トレードテクニックまで、すべてを公開！

岡本治郎著
定価2,940円(税込)

## 信用取引入門
上げ相場でも下げ相場でも相場環境に左右されず
いつでも儲けるために信用取引を覚えよう！！

楠雄治、福永博之、
倉林るみ子著
定価2,940円(税込)

## よくわかる！シリーズ

### 冒険投資家ジム・ロジャーズが語る 投資の戦略

4200%のリターンを上げた伝説の男のこれから10年の投資戦略

著者 ジム・ロジャーズ　　DVD 96分収録　　定価 2,940円（税込）
　　　林康史

ベストセラー『大投資家ジム・ロジャーズが語る～商品の時代』（日本経済新聞社）のジム・ロジャーズが遂に来日。そのとき日本人だけのために解説した投資の戦略を本邦初の書籍化（DVD付）!! 本書を読んで、DVDを見れば、『商品の時代』がさらに面白くなるはず！

### 短期売買の魅力とトレード戦略

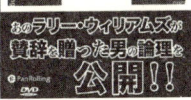

ブルベア大賞2004特別賞受賞

著者 柳谷雅之　　　　DVD 51分収録　　定価 3,990円（税込）

2004年1月31日に開催されたセミナーを収録したDVD。前作の「短期売買の魅力とトレード戦略」に、以下の点が追加されています。
・日本株を対象にしたお馴染OOPSの改良
・優位性を得るためのスクリーニング条件

### サカキ式 超バリュー投資入門

バリュー投資（割安株）とは、企業の財務諸表から理論株価と現在の株価を比べ、割安に放置されている銘柄へ投資する方法です。

著者 榊原正幸　　　　DVD 132分収録　　定価 3,990円（税込）

今世紀最大の投資家ウォーレン・バフェットの師である「バリュー投資」の考案者ベンジャミン・グレアムの考え方で特徴的なのが「未来は分からない」です。事業の将来性、マーケット規模、競争相手との戦力の比較、営業力などの分かりにくい事項は避けて、財務諸表に表れている数字のみで株価分析をおこないます。明確に分かる材料から資産的に割安な銘柄を選択することで、現在の株価よりも、それ以上は下がりそうもない株を買って安心して所有していようという考え方です。

### 一目均衡表の基本から実践まで

ブルベア大賞2003特別賞受賞製品

著者 川口一晃　　　　DVD 108分収録　　定価 3,990円（税込）

単に相場の将来を予想する観測法だけではなく、売り買いの急所を明確に決定する分析法が一目均衡表の人気の秘密。本DVDに収録されたセミナーでは、「一目均衡表」の基本から応用、そして事例研究まで具体的に解説します。

詳しくは…
# http://www.tradersshop.com/

## よくわかる！シリーズ

過去の業績から成長株を探す
資産を2年で40倍にしたウィリアム・オニールの手法を大公開!!

### 大化けする成長株を発掘する方法

著者 鈴木一之　　DVD 83分収録　定価 3,990円(税込)

大化けする成長株を発掘することは、さほど困難ではない。その投資法とは、利益・増益の確認、株価の位置やトレンド、時価総額など誰もが学習すれば確認できるものばかりだからだ。さらに日本でも上場企業の四半期決算の義務付けにより、成長株の発掘の精度が高められるようになったのは朗報であろう。また本編は前回感謝祭の第二作目としてとして、手仕舞いのタイミングについても詳述する。手仕舞いのタイミングは空売りの定義としても使えるだろう。

世界中のトップトレーダーたちが愛用する、日本古来の分析手法

### ローソク足と酒田五法

著者 清水洋介　　DVD 75分収録　定価 2,940円(税込)

白や黒の縦長の長方形、そこから上下に伸びる線。株価分析において基本となる「ローソク足」は、江戸時代から今日まで脈々と受け継がれています。「ローソク足」を読み解けば投資家心理が判り、投資家心理が判れば相場の方向性が見えてくるものなのです。その「ローソク足チャート」分析の真髄が「酒田五法」。経験則から生み出された、投資家心理を読み解くためのより実践的な分析手法を、分かりやすく解説します。

4つの組み合わせで株がよくわかる

### テクニカル分析MM法

著者 増田正美　　DVD 67分収録　定価 3,990円(税込)

MM法は売買銘柄の検索や売買参入点を慎重に判断する。それゆえ出現頻度は高くない。しかし、だからこそ個人投資家向けの手法なのだとご理解いただきたい。個人投資家が投資するのは自分のポケットマネー。したがって真剣勝負である。真剣勝負に他人と同じ武器で勝てるだろうか？ 優れた武器が必要ではないだろうか？ しかし、たとえ優れていても、その使い方を知らずに、また修練せずに真剣勝負に勝てるだろうか？ 武器は常に磨くべきであり、準備しすぎということはない。

---

**発売予定**

**会社四季報の活用術セミナー** (06年7月)
著者：鈴木一之

**テクニカルチャート分析の徹底攻略！トレンドを知る** (06年8月)
著者：川口一晃

**その他DVDブック続々刊行!!**

詳しくは…
# http://www.tradersshop.com/

# 道具にこだわりを。

よいレシピとよい材料だけでよい料理は生まれません。
一流の料理人は、一流の技術と、それを助ける一流の道具を持っているものです。
成功しているトレーダーに選ばれ、鍛えられたチャートギャラリーだからこそ、
あなたの売買技術がさらに引き立ちます。

# Chart Gallery 3.1 for Windows
## Established Methods for Every Speculation

パンローリング相場アプリケーション

**チャートギャラリープロ 3.1**　定価**84,000**円（本体80,000円＋税5％）
**チャートギャラリー 3.1**　　　定価**29,400**円（本体28,000円＋税5％）

[商品紹介ページ] http://www.panrolling.com/pansoft/chtgal/

RSIなど、指標をいくつでも、何段でも重ね書きできます。移動平均の日数などパラメタも自由に変更できます。一度作ったチャートはファイルにいくつでも保存できますので、毎日すばやくチャートを表示できます。
日々のデータは無料配信しています。ボタンを2、3押すだけの簡単操作で、わずか3分以内でデータを更新。過去データも豊富に収録。
プロ版では、柔軟な銘柄検索などさらに強力な機能を搭載。ほかの投資家の一歩先を行く売買環境を実現できます。

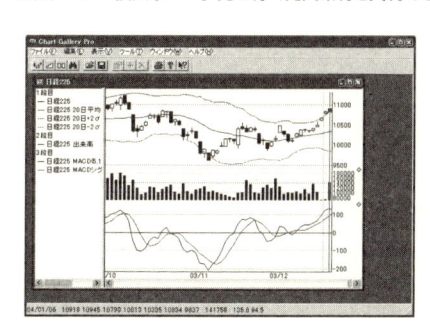

お問合わせ・お申し込みは
**Pan Rolling　パンローリング株式会社**
〒160-0023　東京都新宿区西新宿7-21-3-1001　TEL.03-5386-7391　FAX.03-5386-7393
E-Mail info@panrolling.com　ホームページ http://www.panrolling.com/

# ここでしか入手できないモノがある

**Pan Rolling**

相場データ・投資ノウハウ
実践資料…etc

今すぐトレーダーズショップに
アクセスしてみよう！

**1.** インターネットに接続して http://www.tradersshop.com/ にアクセスします。インターネットだから、24時間どこからでも OK です。

**2.** トップページが表示されます。画面の左側に便利な検索機能があります。タイトルはもちろん、キーワードや商品番号など、探している商品の手がかりがあれば、簡単に見つけることができます。

**3.** ほしい商品が見つかったら、お買い物かごに入れます。お買い物かごにほしい品物をすべて入れ終わったら、一覧表の下にあるお会計を押します。

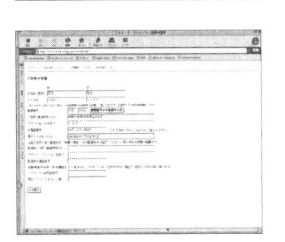

**4.** はじめてのお客さまは、配達先等を入力します。お支払い方法を入力して内容を確認後、ご注文を送信を押して完了（次回以降の注文はもっとカンタン。最短2クリックで注文が完了します）。送料はご注文1回につき、何点でも全国一律250円です（1回の注文が2800円以上なら無料！）。また、代引手数料も無料となっています。

**5.** あとは宅配便にて、あなたのお手元に商品が届きます。
そのほかにもトレーダーズショップには、投資業界の有名人による「私のオススメの一冊」コーナーや読者による書評など、投資に役立つ情報が満載です。さらに、投資に役立つ楽しいメールマガジンも無料で登録できます。ごゆっくりお楽しみください。

Traders Shop

## http://www.tradersshop.com/

投資に役立つメールマガジンも無料で登録できます。http://www.tradersshop.com/back/mailmag/

**パンローリング株式会社**
お問い合わせは

〒160-0023 東京都新宿区西新宿7-21-3-1001
Tel：03-5386-7391 Fax：03-5386-7393
www.panrolling.com
E-Mail info@panrolling.com

携帯版